L'histoire d'un film

© 1999, PLON
ISBN : 2-259-19018-9

Le scénario

A quoi bon révéler les multiples épisodes du scénario… Ne suffit-il pas de savoir qu'on y retrouve, dans leurs emplois traditionnels, et, disons-le, historiques, Astérix, Obélix, les braves Gaulois, les méchants Romains et toute la galerie des personnages (y compris Idéfix) imaginés par René Goscinny et Albert Uderzo. Le film n'est jamais qu'un nouveau chapitre de leur longue histoire.
Quoique…
On y verra Astérix se lancer dans un combat homérique contre Obélix… Obélix livrer Astérix aux Romains… Astérix rendre le pouvoir à un César déchu… Abraracourcix s'emparer du chariot du Trésor public romain, mais se le faire voler à son tour… La potion magique se faire supplanter par la super-potion magique de Mathusalix…
Alors ? Un « Astérix » à l'envers ? Pas du tout. Tout le monde est vraiment dans son rôle. C'est vraiment trop compliqué à raconter. Il faudrait un film pour y parvenir. Essayons quand même.

Lucius Detritus.

Caius Bonus.

▼ *César harangue ses troupes : « Les augures se sont prononcés ! A la prochaine heure, nous envahirons l'île de la Grande-Bretagne ! ».*

En bord de mer, César harangue ses troupes : « Les augures se sont prononcés ! A la prochaine heure, nous envahirons l'île de la Grande-Bretagne ! » Derrière son dos, Trolleybus discute avec Lucius Detritus, second de César et gouverneur des provinces, à propos d'un village gaulois qui refuse de se rendre.

Detritus décide d'en avoir le cœur net. Il se rend au camp romain de Petibonum qui surveille le fameux village rebelle. Le commandant de la garnison, Caius Bonus, lui explique la raison de l'invincibilité des Gaulois : ils ont une arme secrète, une potion magique, dont le druide Panoramix détient le secret. Detritus réfléchit : celui qui s'emparerait de ce secret serait le maître du monde !

◀ *Le barde Assurancetourix fait ses vocalises. Bonemine et tout le village se bouchent les oreilles.*

Au village, le barde Assurancetourix fait ses vocalises, le poissonnier Ordralfabétix fait son étalage, le forgeron Cetautomatix termine un nouveau pavois pour le chef de village Abraracourcix... Bref, un jour comme les autres... D'autant plus comme les autres qu'on essaie de faire taire le barde en le bombardant d'un poisson pas frais qui déclenche une bataille rangée à laquelle Agecanonix tente de participer. Detritus prépare son plan de bataille. D'abord un piège pour mettre le colosse Obélix hors de combat. Celui-ci, accompagné d'Astérix et d'Idéfix, ramène un menhir vers le village quand les Romains catapultent un énorme rocher qui enterre nos trois héros dans la cavité ouverte par le menhir : une bonne rasade de potion magique pour Astérix, un petit effort pour Obélix, et Caius Bonus se retrouve face à face avec un trio qu'il croyait aplati comme des crêpes.

◀ *Le plus étrange couple du village gaulois : Agecanonix et sa femme.*

▶ *Le vent se lève, l'orage menace et la vieille peur renaît : « Et si le ciel allait nous tomber sur la tête ! »*

Au village, la charmante Falbala, de retour de Lutèce, plonge Obélix dans une rêverie poétique : il en oublie de manger son sanglier.

Un escroc, Prolix, repère l'arrivée au camp romain de l'énorme coffre du percepteur romain Malosinus en tournée en Gaule pour collecter l'impôt. Prolix rejoint le village où il se fait passer pour un devin et annonce l'arrivée prochaine d'un trésor. Quand Malosinus se présente le lendemain avec le coffre fiscal, les Gaulois comprennent qu'il s'agit du trésor annoncé, confient à Astérix et Obélix le soin d'exterminer la garde romaine et confisquent le trésor.

▲ *Malosinus sur son cheval affronte Abraracourcix sur son pavois : c'est l'heure pénible de la déclaration d'impôt.*

Furieux quand il apprend la nouvelle, César survient et ordonne une attaque générale du village. Les troupes romaines prennent la formation « en tortue » qui leur permet de s'enfermer dans des carrés cadenassés par les murs des boucliers. Mais les Gaulois, ivres de potion magique, fracturent ces « tortues » comme on ouvre des boîtes de sardines et mettent l'armée romaine en déroute.

Le soir, un grand banquet célèbre la victoire. Prolix en profite pour faire manger à Astérix une omelette hallucinogène : il prend Obélix pour César et engage contre lui un combat homérique. Le temps que l'affaire s'éclaircisse, Prolix a disparu avec le trésor.

Detritus prépare sa réplique : infiltrer la réunion annuelle des druides dans leur forêt sacrée et s'emparer à cette occasion de Panoramix. Celui-ci part pour le Congrès des druides : on lui a donné Astérix et Obélix (et Idéfix) comme escorte. Mais les deux hommes s'arrêtent à la lisière de la forêt sacrée. Seul Idéfix suit Panoramix jusqu'à ce qu'il atteigne le lieu du rassemblement, où l'on ne distingue pas des vrais druides Detritus et ses légionnaires, qui en ont pris l'apparence. S'ouvre alors le concours de la Serpe d'or qui sera remise au druide le plus performant. Panoramix fait une démonstration du pouvoir de la potion magique et choisit Detritus pour son expérience. Celui-ci, dopé, soulève un énorme rocher comme une plume, puis se démasque ainsi que les autres légionnaires. Idéfix part avertir les deux Gaulois qui, quand ils atteignent la clairière, trouvent des dizaines de druides bâillonnés et ligotés dans les arbres.

Mais Panoramix a disparu. Les Romains l'ont emmené. Idéfix renifle sa

▲ *Furieux du vol du trésor fiscal, César a lancé ses troupes contre le village*

▼ *Mais les Gaulois dopés à la potion magique se ruent sur les Romains, formés « en tortue ».*

trace. En la suivant, il conduit Astérix et Obélix aux portes du camp de Petibonum. Aux abords du village gaulois, l'armée de Jules César prépare l'assaut, maintenant qu'ayant fait prisonnier le druide ils ont privé les Gaulois de munitions.

Devant les murailles de Petibonum, Astérix met au point une stratégie. Obélix s'empare d'un légionnaire et revêt son uniforme. Il prend Astérix sur son dos et va au camp romain, prétendant avoir un prisonnier important à livrer à César. Astérix se dévoue pour jouer ce rôle, mais quand il s'écriera « Obelus, par Toutatis, tu es Obélix », celui-ci devra retrouver sa véritable identité et voler au secours de son camarade.

Detritus a entrepris de torturer Panoramix pour lui faire avouer le secret de la potion magique. Non qu'il se préoccupe beaucoup des rebelles gaulois : il a de plus grandes ambitions. Tout simplement s'emparer de Jules César et prendre le pouvoir…

Il est surpris, et ravi, quand Obélix, alias Obelus, lui livre Astérix. La confrontation Panoramix-Astérix ne donne aucun résultat et Astérix résiste à la torture, mais révèle son attachement pour Idéfix. C'est celui-ci que Detritus va faire torturer. Astérix s'émeut et Panoramix cède : il va préparer la potion magique…

Informé du complot de Detritus, César le fait arrêter. Mais, toujours dans son rôle de légionnaire, Obélix le libère et l'aide à procéder à l'arrestation de César qui est jeté en prison.

Detritus invite Obélix à assister aux Jeux du cirque qu'il organise le soir même pour ses soldats. Ce qu'ignore Obélix, c'est qu'Astérix est la vedette bien involontaire prévue au programme de ces jeux.

Les paris sont ouverts quand il pénètre sur la piste qu'il doit parcourir d'un bout à l'autre : à quelle étape succombera-t-il ? Attaqué successivement par des serpents, des lions, des crocodiles, des mygales, un éléphant, un homme-monstre, Astérix réussit plus ou moins à s'en sortir à chaque fois à force d'astuce et de sang-froid mais ne parvient pas à alerter Obélix ; soit il est interrompu quand il prononce la formule convenue, soit le bruit couvre sa voix.

Dans sa loge, Obélix assiste avec inquiétude à l'infernal parcours du combattant auquel son camarade est soumis. Voilà que maintenant l'homme-monstre est en train de l'étrangler. Serviable, Detritus lit son cri sur ses lèvres et traduit le message à Obélix : « Obelus, par Toutatis, tu es Obélix. » Soulagé, Obélix envoie Detritus au plafond et vole au secours de son ami.

▼ *Dans la clairière sacrée, le druide vénérable ouvre les cérémonies de la Serpe d'or. Mais parmi le cercle des hommes en blanc, le noir Detritus s'est glissé.*

▲ *Vedette involontaire des Jeux romains, Astérix affronte pire que les animaux sauvages : l'homme-monstre.*

Les deux hommes récupèrent Panoramix et son compagnon de geôle, un prisonnier au masque de fer.

Ils se précipitent vers le village cerné par l'armée romaine et retrouvent leurs compatriotes.

On se préoccupe de savoir qui est le mystérieux prisonnier ramené par hasard et l'on découvre que l'homme au masque de fer n'est autre que Jules César en personne. Celui-ci promet aux Gaulois que s'ils l'aident à reprendre le pouvoir ils seront exemptés de l'application de la loi et de la fiscalité romaines. D'accord, mais comment battre les Romains ? Car cette fois, Panoramix en fait l'aveu, l'ennemi dispose lui aussi de la potion magique.

Il y a peut-être une solution : concocter une super-potion magique en ajoutant à celle-ci du lait de licorne à deux têtes détenu par Mathusalix, l'arrière-grand-père de Panoramix.

Rejoint dans la grotte où il se terre, le vieillard âgé de près de deux cents ans impose une épreuve : il ne délivrera le fameux lait que si les demandeurs savent répondre à trois questions dignes du Sphinx. Astérix (secouru par Obélix) triomphe de l'épreuve.

▶ *Les Romains fortifiés à la potion magique partent furieusement à l'assaut du village : peut-être vont-ils remporter leur première victoire.*

La super-potion magique a des effets très originaux : elle permet à ceux qui la boivent de se dédoubler et de se multiplier. Les Romains, fortifiés à la potion magique, partent vaillamment à l'assaut du village gaulois mais voient surgir un inquiétant contingent ennemi où l'on remarque des Astérix et des Obélix par dizaines. Les Romains font retraite. César en profite pour reprendre le commandement, destituer Detritus et repartir vers Rome en abandonnant le camp de Petibonum.

Un grand banquet réunit beaucoup d'Obélix et d'Astérix, qui éclatent tour à tour comme des bulles quand le lait de licorne cesse d'agir. Seuls les vrais personnages restent en vie.

Dans ce climat de victoire, Obélix demeure mélancolique : Falbala vient de lui annoncer ses fiançailles avec Tragicomix. Seul, son copain Astérix peut essayer de le consoler. Ce soir, justement, il a préparé, avec l'aide de César, un joli gâteau d'anniversaire pour Obélix : une centaine de soldats romains, avec une bougie plantée sur leur casque. Cent Romains avec qui se battre… De quoi se distraire une bonne partie de la soirée !

▲ *La superbe Falbala règne sur le cœur d'Obélix. Depuis qu'il est amoureux, il maigrit.*

▲ *Obélix demeure mélancolique : Falbala vient de lui annoncer ses fiançailles avec Tragicomix. Seul, son copain Astérix peut essayer de le consoler.*

Histoire et règne d'Astérix

La préhistoire de ce film se situe avant l'ère chrétienne : durant les années cinquante du Iᵉʳ siècle avant Jésus-Christ. Le premier protagoniste en est un général romain, Jules César, grand chef militaire, grand homme politique et très bon écrivain. Son livre *Commentarii de bello gallico* (« Commentaires de la guerre des Gaules ») évoque les batailles menées par ses armées contre des invasions venues du Nord et de l'Est, et la conquête d'une Gaule élargie, désormais intégrée à l'Empire romain. Une insurrection rassemble les Gaulois sous la conduite de Vercingétorix, roi des Arvernes, qui repousse César à Gergovie mais se fait enfermer avec ses soldats à Alésia et doit se rendre (52 av. J.-C.).

Pendant cinq cents ans (jusqu'au baptême de Clovis en 498), la « Pax romana » régnera sur cette colonie gallo-romaine, troublée souvent par les soubresauts d'indépendance de villes ou de contrées insoumises. Du creuset de cette histoire vraie naîtront bien des légendes…

▲ *Chef militaire, homme politique, écrivain, Jules César est à la fois l'auteur et le héros de « La Guerre des Gaules ».*

L'histoire de notre film trouve sa source deux mille ans plus tard, vers la fin des années cinquante du XXᵉ siècle.

Astérix est venu au monde en 1959. On s'expose à ne rien comprendre au succès du personnage, à sa force de séduction, à la pérennité de ses performances si on ignore la marmite de jouvence dans laquelle il est tombé à sa naissance.

Citons en vrac ces témoignages du renouveau généralisé qui marque la période.

La France vient d'entrer dans la Vᵉ République avec une nouvelle Constitution (1958) et le général de Gaulle s'installe à l'Élysée. Khrouchtchev est en visite aux États-Unis. Jean XXIII convoque un concile du renouveau de l'Église. A mi-chemin de ce qu'on appellera les « trente glorieuses » (1945-1975), la France renoue avec la prospérité.

▲ *Son grand adversaire fut Vercingétorix, roi des Arvernes et chef des Gaulois.*

Le nombre de téléviseurs équipant la population atteint un million. Pierre Cardin présente la première collection de prêt-à-porter. Les francs deviennent de « nouveaux francs » début 1960. L'émission « Salut les copains » démarre et amorce le mouvement « yé-yé ». Le sociologue Albert Sauvy entre au Collège de France et publie *La Montée des jeunes*. Le ministère de la Culture est créé. Godard (*A bout de souffle*), Truffaut (*Les quatre cents coups*) et quelques autres déclenchent sur les écrans le phénomène de la « Nouvelle Vague ». Roland Barthes vient de publier *Mythologies* (1957), qui examine la signification du mythe dans la nouvelle culture des mass-media. Quelques années plus tard, Astérix eût constitué pour lui un beau thème de réflexion.

C'est qu'en effet presse, livre de poche, disque, radio, télévision dans leurs formes les plus populaires répercutent plus loin, plus profond, de nouvelles connaissances, de nouvelles modes, de nouvelles expressions. Ces mass-media (disque, radio, cinéma) popularisent de nouveaux héros qui tendent à prendre une dimension mythique quand ils font l'objet d'une adhésion collective. Astérix sera l'un de ces héros, enfanté par un mode d'expression qui connaît dans les années cinquante un essor très important : la bande dessinée.

Un groupe de dessinateurs belges emmenés par Hergé, le créateur de Tintin, a lancé le mouvement. Des Français viennent les rejoindre et constituent une force de frappe d'une créativité exceptionnelle. Cette temporaire « école de Bruxelles » va se rapatrier à Paris à la suite d'un incident de parcours dont la valeur symbolique est évidente.

▼ *Fortifications romaines autour d'Alésia (reconstituées à l'Archéodrome de Bourgogne).*

Les auteurs de BD sont traités par-dessus la jambe par les agences ou les éditeurs qui les exploitent sans leur reconnaître aucun droit, ni moral, ni financier, sur leurs planches de dessins : même pas le droit à la signature. Les auteurs se concertent, s'échauffent, décident de rédiger une charte des droits des dessinateurs.

Parmi les rebelles, l'un des plus doués, René Goscinny, se fait remarquer par sa pugnacité. Informé par un traître, son éditeur le licencie pour faire un exemple. Immédiatement, son ami, compagnon et associé dans diverses BD, Albert Uderzo, champion de la planche à dessin, démissionne par solidarité. Un troisième acolyte, Jean-Michel Charlier, déjà créateur réputé, les suit. Ainsi que le chef de publicité Jean Hébrard. Le compte est bon pour reconstituer les Trois Mousquetaires, qui s'associent « un pour tous, tous pour un » avec bientôt le projet de créer un nouveau magazine ouvert à tous les nouveaux talents de la BD française. Ce sera *Pilote*, « le grand magazine illustré des jeunes », dont le premier numéro sort le 29 octobre 1959, avec le soutien de Radio Luxembourg.

Pilote bénéficie de la collaboration de Lucien Barnier pour la rubrique scientifique, Pierre Bellemare et Pierre Véry pour les histoires policières, Jean-Paul Rouland pour les jeux, Kopa et Maurice Trintignant pour les sports. Mais l'attraction du magazine, ce sont les BD Avec en vedette *Les Chevaliers du ciel*, dessins d'Uderzo et texte de Charlier : une série consacrée à l'aviation, comme l'annonce le titre du journal, et qui connaîtra un succès durable. On trouve aussi un western, *Bison noir*, dessiné par Nortier, *P'tit Pat, gamin de Paris* de Dagues et Rémo Forlani ; les aventures de *Marc Trent*, celles de *Jacques Le Gall* et celles de Zappy Max dans *Ça va bouillir*, qui ont les honneurs de la dernière page. René Goscinny a écrit le début d'une série d'une demi-page, *Jacquot le mousse* (dessins de Godard). Une série signée Jean-Michel Charlier et Victor Hubinon, *Le Démon*

▶ *Une fois assuré le succès de la BD, Albert Uderzo s'est amusé à raconter la naissance de ses deux héros.*

▼ *Albert Uderzo (assis) et René Goscinny (debout) ont travaillé ensemble en parfaite entente et solidarité de 1951 à la mort de Goscinny en 1977. Ils ont 32 et 33 ans à la naissance d'Astérix.*

des Caraïbes, proclame déjà son ambition à la célébrité. Elle sacrera le flibustier Barbe-Rouge et tiendra toutes ses promesses. Un peu perdus en page 20, les débuts d'*Astérix le Gaulois* ne témoignent d'aucune prétention. Ils entament pourtant une extraordinaire aventure.

En 1959, René Goscinny a trente-trois ans et Albert Uderzo trente-deux. Tous deux dessinateurs, Goscinny a peu à peu abandonné l'exécution de dessins pour se consacrer à son talent principal, et son plus grand plaisir : raconter des histoires. Les deux hommes se sont liés d'amitié en 1951 et dès leur première année de collaboration ont entamé les aventures de *Oumpah-Pah*, *Sylvie* et *Jehan Soupoulet*. Contribuant de fort près à la préparation de *Pilote*, ils ont l'idée d'une BD médiévale et décident d'adapter *Le Roman de Renart*. Leur travail est bien avancé quand ils apprennent qu'une telle BD existe déjà. Le temps presse pour imaginer et exécuter autre chose. Le créneau choisi est celui d'une période historique, et ils s'interrogent méthodiquement sur toutes les grandes époques, en partant du paléolithique. Les idées fusent, car travailler, c'est d'abord s'amuser, mais rien de solide n'apparaît jusqu'à ce qu'on arrive aux Gaulois. Là, soudain, c'est la fébrilité, le matériau semble plus riche, Goscinny s'amuse vite du nom d'Astérix qu'il imagine pour le héros, une liste de noms fantaisistes, Obélix, Abraracourcix, Assurancetourix, Panoramix, constitue un premier annuaire désopilant d'un village promis à un illustre destin.

Goscinny et Uderzo, dans la phase initiale, sont beaucoup moins soucieux d'exactitude historique que de vérité humaine et définissent les caractères de leurs personnages. Quant à leur aspect physique (qui variera encore un certain temps), il a pour point de départ une volonté claire des auteurs : ils seront laids. Depuis des années qu'ils écrivent et

1960

▲ *Astérix, comme les autres personnages de la BD, n'a pas trouvé tout de suite ses traits physiques définitifs. Son nez, ses moustaches, son regard, son casque ont évolué au fil des années (voir aussi pages suivantes).*

dessinent de concert et séparément, ils ont dû le plus souvent suivre le modèle américain du héros beau et valeureux. Cette fois, ce sont des anti-héros laids, hargneux (pour Astérix) ou bornés (pour Obélix) qui vont occuper la scène. Plus tard, la drôlerie des personnages et le brio de leurs interventions feront oublier ces partis pris de départ. Les fantômes de Laurel et Hardy ont toujours beaucoup inspiré les auteurs de bandes dessinées. Inconsciemment, Goscinny et Uderzo, tous deux fanatiques de ce couple, ont dû s'y référer pour aboutir à la création du tandem Astérix-Obélix.

Uderzo esquisse un Astérix plutôt costaud, Goscinny souhaite un nabot « perceptible comme une ponctuation ». Finalement il devient le petit teigneux que propose Goscinny, mais Obélix jouera du torse à ses côtés en faire-valoir. Il n'a qu'un faible rôle dans *Astérix le Gaulois*. Il prend du poids (matériellement et moralement) dans le second épisode, *La Serpe d'or,* et ne conquiert ses galons d'alter ego d'Astérix qu'avec le troisième épisode, *Astérix et les Goths*. C'est seulement au cinquième épisode, *Le Tour de Gaule*, que surgit un tout petit chien qui ne prendra que plus tard le nom d'Idéfix.

« Nous sommes en 50 avant Jésus-Christ. Toute la Gaule est occupée par les Romains… Toute ? Non ! Un village peuplé d'irréductibles Gaulois résiste encore et toujours à l'envahisseur. Et la vie n'est pas facile pour les garnisons de légionnaires romains des camps retranchés de Babaorum, Aquarium, Laudanum et Petibonum. » Ainsi commence *Astérix le Gaulois*. Et chaque épisode des aventures d'Astérix reprendra ce texte liminaire qui constitue en quelque sorte le code de lecture.

Sont énoncés les principes de base : le temps est arrêté, les personnages ont toujours le même âge, l'action est centrée en un site immuable, le village qui, après l'instauration de la « Pax romana », vit en perpétuelle rébellion contre les Romains, les ennemis, les autres. Nous et les autres : c'est le thème permanent du combat du village sans nom.

Ce texte liminaire dissimule toutefois une donnée essentielle : la potion magique. Si le village résiste toujours, c'est que le druide Panoramix connaît la recette secrète d'un produit qui décuple la force de ceux qui le consomment (on dirait aujourd'hui de ces Gaulois qu'ils sont gonflés aux amphétamines…). Obélix, pour être tombé bébé dans la marmite de potion magique, bénéficie en permanence de ce pouvoir. Nous sommes donc en terre d'utopie.

Et en terre du rire. L'agilité spirituelle d'Astérix et la puissance athlétique du naïf Obélix, comme l'activité, les tics et les travers de leurs compagnons vont s'employer simultanément à une tâche : nous faire rire en ridiculisant l'adversaire. La recette de la potion magique de Goscinny et Uderzo est simple. Son efficacité n'est plus à démontrer.

Astérix n'est qu'une BD comme les autres dans le nouveau magazine *Pilote*. Elle n'a droit à aucune publicité particulière. Mais les lecteurs marquent leur intérêt, témoignent de leur fidélité.

▼ *Première apparition des deux héros dans « Astérix le Gaulois ». Obélix ne gardera pas sa hache.*

Dès le second épisode, en 1960, Obélix, à la Une de *Pilote*, porte comme un menhir le numéro du journal et sa date. En 1966, *Pilote* adoptera comme sous-titre « Le journal d'Astérix et d'Obélix », témoignant de l'importance prise par les joyeux Gaulois. En octobre 1961, le nouvel éditeur du magazine a sorti *Astérix le Gaulois* en album. Six mille exemplaires ont été mis en circulation dans la plus grande discrétion. Mais le bouche à oreille fonctionne à merveille et il faut réimprimer. Dès le quatrième épisode, le premier tirage est fixé à cinquante mille exemplaires : succès. Le cinquième est tiré à trois cent mille exemplaires : c'est insuffisant… A partir du dixième épisode, *Astérix légionnaire* (1967), les Astérix dépassent le million d'exemplaires vendus. Le premier tirage du vingt-troisième épisode, *Obélix et Compagnie* (1976), est fixé à un million trois

1970

cent mille exemplaires pour la seule édition française ! Et tout indique que le record risque d'être battu dès le prochain album. Mais y aura-t-il un nouvel album ?

L'année suivante en effet, René Goscinny, infatigable inventeur de gags, auteur des scénarios millimétrés des vingt-trois albums parus et qui nourrit de sa verve intarissable les jeux de mots les plus ahurissants de l'Antiquité, est le héros et la victime d'un gag tragique. Effectuant dans une clinique un test d'effort, il meurt d'une crise cardiaque le 5 novembre 1977. Il a cinquante et un ans. Quelques semaines plus tôt, son docteur lui avait prescrit un médicament : une pilule par jour. Et Goscinny, pour rire : « Est-ce que j'ai assez de temps devant moi pour en acheter deux boîtes ? » Il n'a jamais fini la première. Il venait de raconter à un copain : « Dans notre prochain album, je mettrai un bateau grec qui s'appellera *L'Hypoténuse*. Et les officiers mangeront *au carré de L'Hypoténuse* ». Mais *L'Hypoténuse* n'a jamais pris la mer…

René Goscinny a joué pendant vingt-cinq ans, pour la diversité et le brio de ses réalisations, son entrain, sa convivialité, son militantisme au service des auteurs, un rôle important dans l'évolution de la bande dessinée. À sa mort, la BD est en deuil. L'ami et collaborateur de toujours, Albert Uderzo, est effondré. Très vite se pose le problème de l'avenir d'Astérix. Et en priorité celui du vingt-quatrième album, *Astérix chez les Belges*, écrit par Goscinny, mais qu'Uderzo a seulement commencé à dessiner.

Depuis des années, les deux auteurs guerroyaient contre leur éditeur, Dargaud. Par fidélité à son ami, Uderzo refuse de terminer le livre après la disparition de celui-ci, mais Dargaud lui fait un procès et l'oblige à livrer l'album, qui paraît en 1979. Ce sera donc la guerre entre éditeur et auteur. Albert Uderzo crée sa maison, Les Éditions Albert René, associant les prénoms des deux auteurs, et entreprend une action en justice en vue de récupérer les droits sur l'ensemble des albums. Il y parviendra… dix-neuf ans plus tard.

Gérer le passé, c'est une chose, mais quid de l'avenir ? Entre Goscinny et Uderzo, la répartition des tâches a toujours été rigoureuse : scénario, découpage, dialogues étaient l'affaire du premier, la création graphique l'affaire du second.

Parce qu'il joue un rôle pilote dans l'association, et aussi parce que, extraverti, il entretient une relation suivie et chaleureuse avec les médias, Goscinny est considéré comme l'auteur de la BD À sa mort, personne ne paraît imaginer qu'Albert Uderzo puisse poursuivre l'œuvre commune. On le manifeste de manière peu délicate. C'est oublier que toute l'élaboration d'Astérix s'est toujours faite en complète collaboration entre les deux hommes, que les scénarios sont nés de leurs entretiens, que personne au monde ne connaît aussi bien l'univers d'Astérix qu'Albert Uderzo. Oublier qu'Astérix est un chantier en pleine prospérité qu'il serait absurde d'abandonner. Oublier la fierté d'un dessinateur d'origine italienne, l'énergie et la pugnacité dont il a toujours fait preuve.

Albert Uderzo relève le défi, prend le relais, et publie, en 1980, aux Éditions Albert René, *Le Grand Fossé*, vingt-cinquième album de la série et premier à être réalisé par Uderzo seul, même s'il porte toujours sur la couverture le nom des deux auteurs. Le système Astérix est si bien installé, les repères Astérix sont si identifiables, la mécanique Astérix est si bien huilée, que ce nouveau produit ne marque aucune rupture avec la série précédente. Le public est fidèle au rendez-vous. Deux millions d'exemplaires sont vendus en six mois.

Uderzo créera seul cinq autres albums entre 1980 et 1996.

Cette année-là, le dernier en date, *La Galère d'Obélix*, trentième album d'Astérix, sera mis en vente en France à trois millions d'exemplaires (tirage qui s'avérera insuffisant) et à huit millions d'exemplaires à l'étranger, record absolu de la diffusion d'une BD Le paradoxe dans ces chiffres, c'est qu'*Astérix*, considérée comme une bande dessinée typiquement franco-française (certains disent « franchouillarde »), ne cesse de développer ses ventes à l'étranger, parallèlement à celles de l'Hexagone. Ramenée aux populations de ces pays, la diffusion d'*Astérix* en Belgique, Hollande, Finlande est absolument incroyable. Les ventes en Allemagne sont proches des ventes françaises. À ce jour, au total, quatre-vingt-dix millions d'albums ont été vendus en France et plus de soixante-dix millions en Allemagne. Soixante-dix-sept pays ont importé *Astérix* en cinquante-sept langues ou dialectes, y compris le hindi, le turc, le frison, le souabe, le latin, l'espéranto, sans oublier les éditions en braille.

1980

Au total, depuis la naissance d'*Astérix*, environ deux cent quatre-vingts millions d'albums ont été diffusés à travers le monde...

Si cette marche triomphale de la bande dessinée est bien l'élément constitutif du phénomène Astérix, celui-ci comporte d'autres aspects annexes qui contribuent à en accroître la dimension. C'est le cas par exemple des dessins animés qui ont été produits à partir d'*Astérix*. Un domaine où se manifeste crûment le mauvais climat qui régna longtemps entre les deux auteurs et leur éditeur Dargaud.

Goscinny et Uderzo, comme tous les initiateurs de la vague BD d'après-guerre, ont été élevés à l'école Disney. Même si leur activité se révélera compétitive et concurrentielle de celle de Disney, si elle constitue un certain combat, artistique et commercial, contre les clichés et le monopole Disney, celui-ci reste le grand manitou de l'expression par le dessin. Longtemps, on a appelé tout naturellement les vignettes de BD des « miquets » en souvenir de Mickey, cette souris qui accoucha d'une montagne. C'est dire que, un jour ou l'autre, l'idée, le projet de reprendre le dessin animé les a titillés. Mais quelle n'est pas leur stupeur quand, un jour de 1967, Dargaud les invite dans une salle de projection et leur présente le dessin animé *Astérix le Gaulois*, qu'il a produit en douce sans même les tenir au courant. Destiné à la télévision, le film séduit des exploitants de cinéma. Sorti en salle en décembre 1967 (un druide distribue une potion magique aux enfants qui font la queue), *Astérix* fait une confortable carrière.

Cette fois Goscinny et Uderzo obtiennent l'accord de Dargaud pour s'occuper directement d'un second dessin animé, *Astérix et Cléopâtre*. Mystérieusement, chaque fois qu'ils se rendent à Bruxelles au siège de Belvision, en charge du travail, ils constatent qu'on dissimule des planches. Enquête faite, Dargaud a mis en route la fabrication d'un autre

▼ *Pour fêter le 4ᵉ anniversaire d'Astérix, Uderzo a consacré une planche de dessins à une séance de travail des deux associés...*

dessin animé « clandestin », *La Serpe d'or*. Cette fois les deux amis se fâchent et tous les éléments de ce film seront détruits. Mais *Astérix et Cléopâtre* va à son terme et remporte un succès estimable. Quelques années plus tard, Dargaud, Goscinny et Uderzo créent les Studios Idéfix qui frôleront l'échec en France mais connaîtront le triomphe en Allemagne avec le seul Astérix produit : *Les Douze Travaux d'Astérix*, en 1976.

Après la mort de Goscinny, Uderzo passe en 1982 un accord avec Gaumont et le distributeur allemand du film d'Astérix Jürgen Wohlrabe pour créer le Studio d'Animation Astérix qui produira *La Surprise de César*, *Astérix chez les Bretons*, *Le Camp du menhir*, trois films de qualité croissante qui ont un certain succès mais hors de proportion, en France, avec celui des albums. En Allemagne, par contre, ils font un tabac.

Astérix montre son nez sur bien d'autres médias. Il sert de thème, une année, au spectacle itinérant de « Holiday on Ice », et inspire un spectacle de Jérôme Savary en octobre 1988. Il donne à Albert Uderzo l'idée d'un parc de loisirs (le modèle Disney continue de fonctionner) qui trouvera son programme et son mode de financement : les travaux commencent en 1987 et l'inauguration a lieu, dans l'Oise, au printemps 1989. En 1997, il a reçu deux millions de visiteurs.

Le parc de loisirs est financé en partie par le *merchandising* : les licences qu'acquièrent des marques ou des produits pour être diffusés avec la griffe, le parrainage d'Astérix, c'est-à-dire en utilisant son image. Cette activité marginale, cette exploitation d'Astérix comme logo, cette commercialisation d'une image singulièrement vendeuse chez les jeunes

entraînent une nouvelle voie d'exploitation de la saga Astérix. Dans l'économie moderne, où communication et publicité jouent un rôle si important, l'étendue et la fidélité du public de lecteurs font d'Astérix un instrument privilégié de promotion. Quelque deux cents licences ont été accordées à des « produits dérivés » aussi divers que des cravates, des décalcomanies, des puzzles, des œufs de Pâques, des briquets, des biscuits, des casquettes, des jeux de cartes et des jeux vidéo, du chewing-gum, des glaces, des tee-shirts… En marge de sa vie artistique et mythique, Astérix est aussi devenu une marque de produits et vendre Astérix un business.

Un mythe contemporain

Le 30 octobre 1996, une exposition s'ouvre au Musée national des arts et traditions populaires, avec pour titre : « Ils sont fous… d'Astérix ! » C'est le sous-titre qui nous intéresse : « Un mythe contemporain ».

L'emploi du terme « mythe » s'est vulgarisé au point de désigner souvent hâtivement tout phénomène manifestant un certain éclat et une certaine durée. Tel chanteur à son deuxième disque d'or, telle vedette à son second Molière ou son troisième César, acquiert précipitamment une dimension mythique. À ce compte-là, Astérix est évidemment un mythe garanti sur facture !

L'exposition du Musée des arts et traditions populaires ne l'entendait pas de cette oreille, en publiant un catalogue documenté et savant, s'appuyant sur nombre de travaux universitaires notamment, pour examiner et justifier l'étiquette de « mythe contemporain » appliquée à cette série de BD.

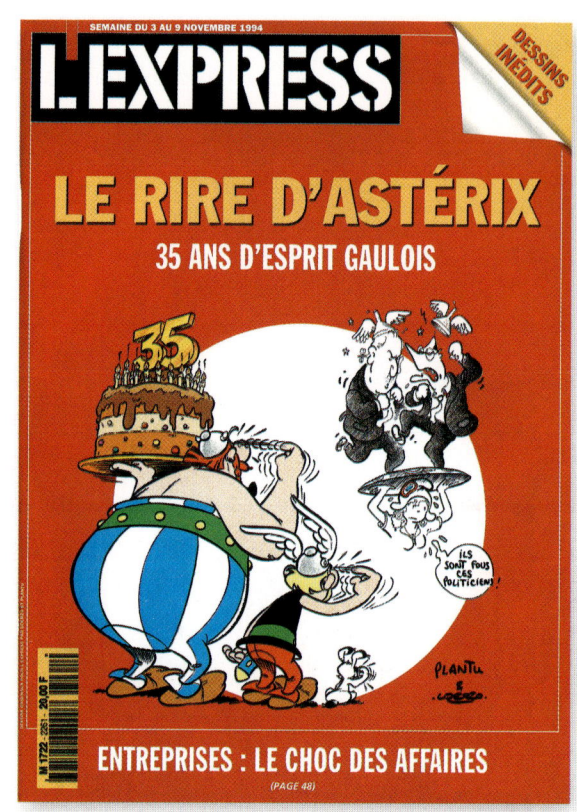

Après avoir expédié de Lutèce l'ethnologue Tristetropix faire une étude de terrain sur le village gaulois, le Musée constate combien s'applique à Astérix la définition du mythe donnée par Claude Lévi-Strauss (dans *Anthropologie structurale*) : « La valeur intrinsèque attribuée aux mythes provient de ce que les événements, censés se dérouler à un moment du temps, forment aussi une structure permanente. Celle-ci se rapporte simultanément au passé, au présent et au futur. » C'est évidemment le cas d'Astérix, incarnation non pas d'une Histoire qui n'a jamais eu lieu, mais d'une leçon, d'une fable sur l'esprit d'indépendance, la résistance à l'oppression, la bataille éternelle des humbles contre les puissants.

Le dictionnaire dit plus simplement : « Mythe : fiction admise comme porteuse d'une vérité symbolique. Représentation amplifiée et déformée par la tradition populaire de personnages ou de faits historiques qui prennent force de légende dans l'imagination collective. » N'est-ce pas une exacte définition de la situation d'Astérix dans l'imaginaire populaire ?

Avec, il est vrai, un caractère supplémentaire : c'est qu'Astérix exerce sa fonction mythique sur le mode humoristique. Il vise à faire rire. Mais il jette un regard

ironique et critique sur sa propre collectivité. N'oublions pas que les premiers dessinateurs de la génération de la dérision (Gotlieb, Reiser, Wolinski, etc.) reconnaissent en Goscinny leur père spirituel.

Sa fonction mythique, Astérix l'assume pleinement, d'abord à l'égard de la France, du caractère français, de la typologie française. Nul ne s'est plus clairement exprimé là-dessus que le politologue Alain Duhamel dans son essai : *Le Complexe d'Astérix — essai sur le caractère politique des Français* (Gallimard, 1985). Il écrit notamment : « Goscinny et Uderzo ont su mieux que quiconque depuis Tocqueville, résumer en leurs héros tous les traits qui forment le tempérament politique français. Batailleur, cyclothymique, courageux, ironique, râleur, généreux mais chauvin, actif mais ombrageux, intelligent mais farouchement individualiste, épris de prouesses et de gloire, sceptique devant les puissants, allergique au conformisme, farouchement attaché à son village et persuadé que rien au monde ne saurait l'égaler, intrépide et superstitieux, enthousiaste puis découragé, sentimental et misogyne : c'est toute la politique française. »

▲ *Le « phénomène Astérix » à la Une de tous les grands magazines devient un symbole de la France.*

Typique du caractère français, Astérix est-il pour autant chauvin, cocardier ? On lui en a fait le reproche. Il apparaît sans fondement. Astérix n'est pas plus « franchouillard » que ses grands frères Gargantua, Scapin, Figaro, Valjean, Gavroche, d'Artagnan ou Cyrano, autres figures monumentales du « héros français ».

Comme le fait justement remarquer l'historien anglais Theodore Zeldin, Astérix est certes français, mais c'est aussi un héros universel, ou contestataire représentatif du petit qui n'a pas peur des grands, un individualiste obstiné qui défendra jusqu'au bout l'autonomie de son univers comme savent le faire, d'une autre manière, en d'autres circonstances, Robinson Crusoé, Don Quichotte, Charlot, Woody Allen.

La meilleure preuve du caractère universel d'Astérix n'est-elle pas fournie par son succès dans les pays les plus divers ? Ce succès s'explique sans doute en partie par le fait que beaucoup d'épisodes d'Astérix, loin de propager le chauvinisme, comportent des leçons de tolérance, d'acceptation de l'autre, de solidarité avec lui. Écoutons le discours d'Agecanonix dans *Le Cadeau de César* : « Moi tu me connais, je n'ai rien contre les étrangers, quelques-uns

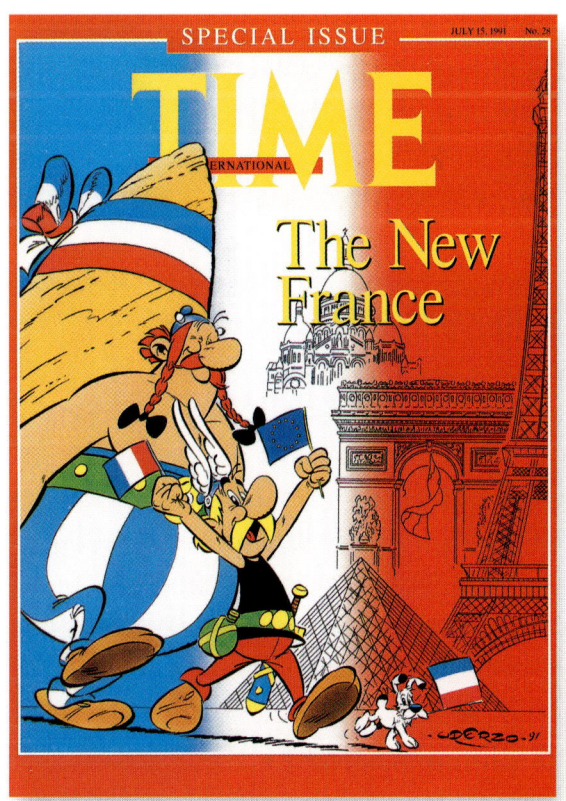

de mes meilleurs amis sont des étrangers, mais ces étrangers-là ne sont pas de chez nous !… Non ! Moi, les étrangers ne me dérangent pas tant qu'ils restent chez eux, mais quand ils viennent chez nous, je n'ai pas envie d'aller chez eux ! »

Il est difficile de faire plus juste dans la citation-dénonciation des clichés les plus communs de la xénophobie et du racisme. Dans *Astérix chez les Helvètes*, nos ancêtres les Gaulois s'appuient sur la tradition suisse de défense des proscrits pour protéger un Romain injustement menacé.

D'une manière générale, même si Astérix et ses compagnons se permettent des ruses, mensonges, larcins et délits divers, le sens général de leur action est toujours porté par une morale, élastique, ironique, chaotique dans les moyens qu'elle s'autorise, mais ferme sur la finalité.

L'aventure d'Astérix atteint une dimension mythique. Et ce mythe est contemporain. Contemporain, évidemment, parce que c'est à notre époque qu'Astérix apparaît et se propage. Mais contemporain aussi parce que c'est de notre époque que les auteurs tirent leur inspiration, sur notre époque qu'ils exercent leur dérision. Si Goscinny et Uderzo ont étudié l'histoire de la Gaule pour fonder le monde d'Astérix sur quelques bases solides (histoire, architecture, mœurs, etc.), cet effort sympathique et payant relève plutôt du maquillage historique que de la recherche proprement dite. Après quelques épisodes où les personnages se définissent et l'aventure prend son essor, on voit la BD se

▼ *L'invasion de la publicité trouve un brillant écho dans la chronique d'Astérix qui ignore encore qu'il va devenir lui-même un important atout de promotion commerciale (planches extraites de « Obélix et Compagnie »).*

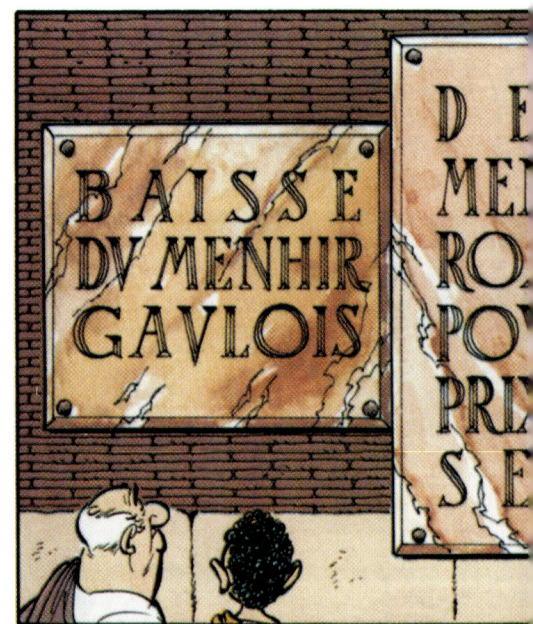

remplir de personnages et de problèmes propres au monde et à l'époque des auteurs. Quand les personnages d'Astérix sont coincés dans les amphoreillages, se plaignent de l'inconfort des Habitations Latines Mélangées, réclament la suppression du travail à la chaîne des esclaves, ou partent se reposer au Club Mare Nostrum, il est clair qu'ils évoquent moins la vie des Gaulois que celle des contemporains de Goscinny et Uderzo préoccupés par les embouteillages, les H.L.M.,

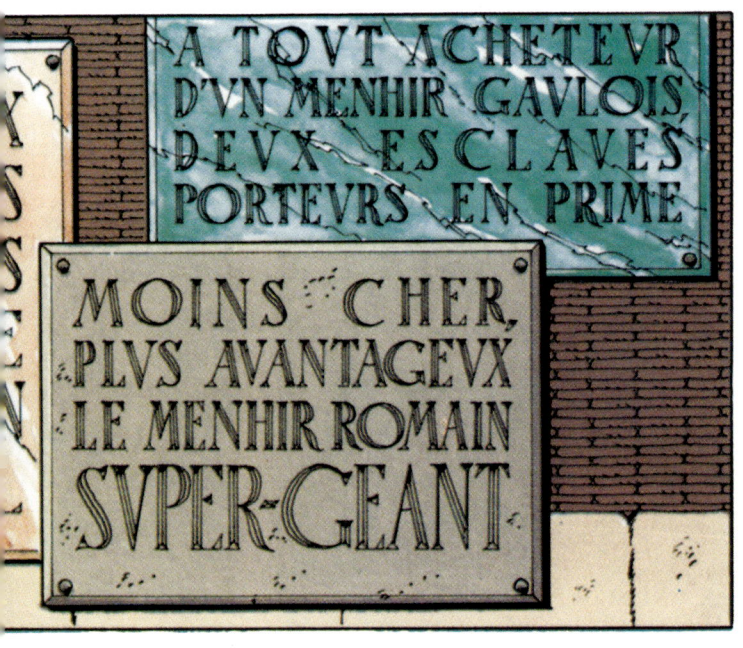

l'automatisation du travail ou leur départ en vacances. L'importance de la forêt, l'éloge de la nature, la préoccupation qu'a Idéfix de l'environnement sont l'écho de la montée de l'intérêt des Français pour l'écologie. Le fait que la collecte de l'impôt constitue, avec la présence de l'armée, la manifestation essentielle de la domination romaine renvoie aux problèmes des citoyens modernes avec la fiscalité. Les épisodes consacrés aux Jeux olympiques (en 1968, année des J.O.) et au Tour de Gaule découlent de modèles qui n'ont qu'un rapport ironique avec la Gaule romaine mais une relation directe avec un thème d'échauffement émotionnel très moderne. *Le Domaine des Dieux* explore des magouilles d'urbanisme et de promotion immobilière propres au XXe siècle. De même, *Obélix et Compagnie*, où le compagnon d'Astérix gère, comme il se doit, une « grosse entreprise », constitue une satire d'un marketing plus prospère chez les contemporains de Dargaud que chez ceux de Vercingétorix.

Quand Albert Uderzo écrit le scénario du premier album à paraître après la mort de René Goscinny, nous sommes en 1980 et bientôt Mitterrand remplacera Giscard d'Estaing : la B.D. évoque « le grand fossé » (c'est son titre) qui sépare la gauche du village conduite par Tournedix de sa droite emmenée par Ségrégationnix… On pourrait multiplier les exemples.

En fait, Astérix reflète les événements, les modes, les héros de toutes les époques. On y rencontre Raimu et les personnages de Pagnol, Jacques Brel, James Bond, *Le Penseur* de Rodin, *La Leçon d'anatomie* de Rembrandt, *Le Repas de noces* de Bruegel l'Ancien, le *Satyricon* de Fellini, *Le Livre de la jungle* de Kipling… Ce kaléidoscope culturel contribue à l'universalité du message.

◀ *Astérix et Obélix ont déclenché la verve de nombreux dessinateurs qui leur ont rendu hommage en les caricaturant. Mais Goscinny et Uderzo n'étaient pas les derniers à se caricaturer eux-mêmes.*

Nous sommes dans une œuvre créée de toutes pièces à partir d'éléments multiples et disparates qui engendrent une légende originale et porteuse de sens. Les démentis des auteurs qui jurent qu'ils n'ont jamais pensé à autre chose qu'à faire rire n'ont guère d'importance. Ils ont mis dans leur BD sans doute davantage qu'ils n'avaient conscience d'y mettre. Le public a perçu plus encore ce que les auteurs y avaient mis. Les amateurs, les critiques, les experts ont étudié le phénomène et amplifié le message. Les auteurs ont pris conscience de cette perception élargie. Ils ont continué leur saga, inspirés par ce que l'imaginaire collectif y percevait. Uderzo aujourd'hui, s'il écrit une nouvelle aventure d'Astérix, n'écrira pas purement et simplement la suite d'*Astérix le Gaulois*. Il écrira, dessinera, créera la suite d'une épopée qui depuis quarante ans s'est enrichie de tout ce qu'y ont apporté les auteurs, les lecteurs et les commentateurs. En ce sens-là aussi, Astérix est un mythe ; c'est-à-dire le fruit d'une tradition de l'imaginaire collectif. Oui, décidément, Astérix avait bien sa place au Musée des arts et traditions populaires. Sans oublier pour autant son origine hasardeuse et précipitée, sa vocation populaire, sa fonction ludique. Le mieux est sans doute de laisser le dernier mot à la rafraîchissante modestie de Goscinny : « Astérix, c'est un petit bonhomme dessiné au crayon, qu'on peut effacer… c'est tout. »

Un rêve de cinéma

Il n'est pas besoin de procéder au résumé des chapitres précédents pour imaginer que, par sa richesse scénaristique comme par son succès populaire, Astérix constitue un objectif naturel et privilégié pour le cinéma. Or, à quelques mois près, le premier Astérix filmé *live*, en chair et en os, sort quarante ans après l'apparition de ses héros. La première question que l'on se pose alors, au moment d'aborder la production d'*Astérix et Obélix contre César*, n'est pas « pourquoi produire ce film ? » mais bien « pourquoi pas plus tôt ? ». D'une certaine manière, l'ensemble de ce livre constitue la réponse à cette question. On peut esquisser brièvement une explication globale.

Astérix – nous l'avons vu – a déjà entamé une relation suivie avec le cinéma. Mais c'est de dessin animé qu'il s'agit. Le passage de la bande dessinée au dessin animé ne pose aucun problème particulier d'ordre artistique ou technique. Il suffit de réunir les moyens de production. Le passage de la BD au film d'acteurs pose au contraire des problèmes très importants. La première fonction du cinéma est d'être une reproduction de la réalité. Même le cinéma fantastique reproduit une réalité. Simplement, cette réalité est le résultat d'une fabrication qui crée les apparences du fantastique. Or Astérix ne renvoie à aucune réalité : ni vraiment historique, ni logique, ni matérielle. Le temps qui passe n'y existe pas, les lois physiques sont parfois oubliées. Il s'agit en fait d'introduire des comédiens que l'on connaît (et reconnaît), qui ont une vraie peau, une vraie voix, un passé, dans un univers de coups de crayon et de taches de couleurs. Pour y parvenir avec succès, il faut organiser une transposition poétique complète de l'action et des personnages. Rude entreprise, à haut risque. Et à coût élevé, car si Astérix n'est pas à proprement parler un « film historique », pèsent sur lui néanmoins toutes les charges du « film d'époque ». Enfin l'univers d'Astérix est magique. Les effets de la fameuse « potion magique » transforment la relation à autrui. Obélix est, littéralement, une « force de la nature », qui intervient avec la puissance d'un

▼ *Albert Uderzo à la table de travail où il a dessiné les centaines de vignettes des albums d'Astérix. Après avoir repris le flambeau, et conçu seul six nouvelles aventures d'Astérix, il a encouragé les projets de film.*

ouragan. L'importance et la variété de ces interventions supposent le recours à des truquages, des « effets spéciaux » nombreux et performants. Les progrès accomplis cette dernière décennie, grâce à l'utilisation des images numériques et au système « 3D » des images de synthèse, ont ouvert de nouvelles possibilités et permettent un recours simplifié à des « effets spéciaux » diversifiés. Conclusion : il faut, pour porter Astérix au cinéma, le goût du risque et réunir à la fois des moyens financiers importants, des ambitions artistiques élevées et des technologies sophistiquées. Pourquoi pas plus tôt, Astérix au cinéma ? Nous tenons un début de réponse.
Il n'en reste pas moins qu'Astérix avait commencé à rêver au grand écran il y a longtemps déjà. Uderzo se souvient.

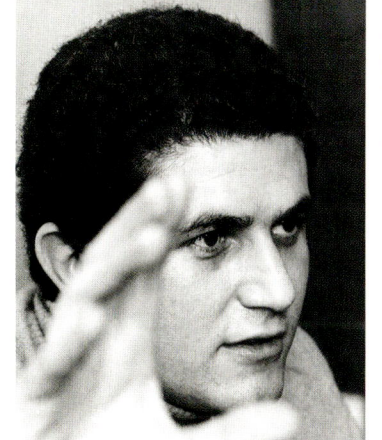

◀ *Premier candidat pour porter Astérix au cinéma : le tout jeune Claude Lelouch.*

▶ *Louis de Funès avait repéré chez Astérix bien des traits de caractère qui le séduisaient.*

Albert Uderzo

❝ *Il y a eu dans le temps deux projets d'Astérix au cinéma, dont aucun n'est allé bien loin. Le premier, pendant les années soixante, émanait d'un réalisateur tout jeune mais déjà connu : Claude Lelouch. René Goscinny et moi avons déjeuné avec lui au Fouquet's. Nous avons été un peu ahuris quand il nous a dit qu'il envisageait de faire ce film sans comédiens professionnels, avec des gens choisis dans la rue pour leur ressemblance physique avec les personnages. Rencontrer des monstruosités pareilles, ça n'est pas donné à tout le monde, heureusement d'ailleurs ! Souvent des amis m'ont dit : « Si vous faites un film, je connais quelqu'un qui ferait un Obélix formidable. » Il s'agissait en général d'un type un peu fort et portant des moustaches, rien de plus. Bref, ce projet Lelouch n'est pas allé plus loin.*
Le second projet, plus tard, est venu de Louis de Funès. Il avait envie de jouer le rôle d'Astérix. Nous l'avons donc rencontré, à nouveau pour un déjeuner. J'étais très impressionné, car j'adorais de Funès (René Goscinny aussi). Nous avons peu parlé d'Astérix. Il nous a seulement confirmé son intérêt pour le rôle et son souhait de déclencher un film dans lequel il jouerait le personnage. Après quoi, il s'est mis à raconter des souvenirs et Goscinny et moi étions tellement heureux que nous n'avons pas cherché à en savoir davantage. Finalement, ce projet n'a pas eu de suite non plus. Un tiers nous avait indiqué que Louis de Funès souhaitait jouer Astérix sans moustaches. Mais sans moustaches, Astérix ne serait plus Astérix. De toute façon, nous n'avons pas eu l'occasion d'en débattre avec de Funès. Mais d'une certaine manière, cet épisode a une suite car, aujourd'hui, c'est Christian Clavier qui prend le rôle, et c'est un acteur qui se situe dans la continuité de Louis de Funès. C'est un nerveux au jeu très sec, très varié, et qui a admirablement senti le personnage. ❞

Un jeune cinéaste cherchant à détourner les pesanteurs du projet. Un grand comédien rêvant d'un grand rôle. À cela se limitent les premières tentatives d'Astérix. Jusqu'à ce que…

Claude Berri

❝ *Adapter Astérix ? C'était une idée de mon fils Thomas qui me laissait sceptique. La BD, ce n'est pas tellement mon truc. Je connaissais Astérix comme tout le monde, mais pas plus. J'ai toujours été réticent sur l'adaptation des bandes dessinées au cinéma.* ❞

L'aventure qui mène à *Astérix et Obélix contre César* commence vers 1992. Claude Berri (né Claude Langman), important réalisateur (*Le Vieil Homme et l'Enfant, Le Cinéma de papa, Tchao Pantin, Jean de Florette, Germinal*) et important producteur (outre ses propres films, *Tess* de Polanski, *L'Ours* et *L'Amant* d'Annaud, *Valmont* de Forman, *La Reine Margot* de Chéreau), accueille sans enthousiasme la proposition de son fils.

▲ *Gérard Depardieu dans « Germinal », Daniel Auteuil dans « La Reine Margot » : deux films produits par Claude Berri, avec deux comédiens qui faillirent se retrouver dans le film « Astérix ».*

Celui-ci, Thomas Langman, vingt-trois ans, a démarré une jolie carrière de comédien (*Les Années sandwich, Paris s'éveille*) et s'intéresse aussi à la production. Lecteur et connaisseur d'Astérix, il en mesure les possibilités cinématographiques… et les obstacles à franchir.

Dans un premier temps, il défriche le problème des droits. Il rencontre Sylvie Uderzo, fille d'Albert, et constate une similitude de vues sur l'hypothèse d'une adaptation. Sylvie en parle à son père. Thomas défend sa vision du problème. Albert Uderzo s'intéresse au projet. Thomas contacte la fille de René Goscinny, Anne Goscinny, qui ayant perdu son père et sa mère se retrouve seule héritière des droits moraux de son père (et de 20 % dans la société Albert René fondée par Albert Uderzo). Anne Goscinny appuie le projet.

Fort de ces accords, Thomas Langman se retourne vers son père et Renn Productions qui refusent de s'engager. Parce que, comme le dit Claude Berri, « la BD n'est pas son truc » mais aussi sans doute parce qu'à cette époque il investit beaucoup d'argent et de passion dans *L'Amant* (1992) de Jean-Jacques Annaud, dans son propre film *Germinal* (1993) et dans *La Reine Margot* (1994) de Patrice Chéreau. De quoi monopoliser l'attention d'un réalisateur et d'un producteur.

▲ *Thomas Langman et son père Claude Berri. Grâce à son fils, Claude Berri a fini par rencontrer Astérix.*

Thomas ne se décourage pas pour autant et tente de rallier des adhésions décisives à son projet. Ainsi obtient-il l'accord pour le rôle d'Obélix de Gérard Depardieu, qui restera fidèle jusqu'au bout à cet engagement. À condition toutefois qu'on l'attende quand il est pris ailleurs, et Dieu seul sait à quel point Gérard est un homme occupé !

Les projets, travaux ou démêlés avec les États-Unis entraîneront un retard d'un an sur la réalisation du film. Mais peu importe : pour tous les interlocuteurs, à commencer par Albert Uderzo, Depardieu s'impose pour jouer Obélix. C'est bien le moins qu'on attende un peu d'un partenaire aussi incontournable.

Autre étape, Thomas Langman éveille l'intérêt du tandem Jean-Marie Poiré-Christian Clavier, déjà maintes fois associés, et qui, en 1993, lâche sur la France le raz de marée des *Visiteurs*, film dont ils sont coscénaristes, que le premier a mis en scène et que le second interprète. Ils pourront se répartir les mêmes rôles sur *Astérix*. Le projet a trouvé des partenaires de poids. Encore faut-il trouver le chef d'entreprise, le producteur qui rassemblera les moyens de financer une production qui s'annonce très lourde. Le moment est venu pour Claude Berri de s'intéresser de plus près au projet. D'une part, le professionnel qu'il est ne peut être indifférent à un film qui a retenu l'attention de Poiré, Clavier, Depardieu, trois talents surdoués, trois poids lourds du box-office. D'autre part, Thomas Langman l'a abreuvé en documentation sur Astérix, lui a fourni des albums, fait des fiches. Berri mesure mieux l'intérêt du sujet, la popularité des héros, les ressources scénaristiques d'une telle saga, l'importance du marché étranger. Il inscrit *Astérix* dans ses hypothèses de travail. Il n'est pas au bout de ses peines.

Le paysage du cinéma est, par nature, changeant. Le triomphe ou l'échec, toujours inattendus, de tel film, entraînent des modifications d'alliance, de calendrier, nouent de nouveaux projets ou dénouent d'anciennes promesses. Ainsi, l'hypothèse Astérix se voit-elle désertée par l'association Clavier-Poiré. Parmi les raisons (mais ce n'est pas la seule) figure la carrière exceptionnelle des *Visiteurs* avec ses dix-huit millions de spectateurs français. De quoi avoir envie, pour cette équipe, de poursuivre dans cette voie. Ce seront (sorti en 1994) *Les Anges gardiens*, avec un trio Poiré-Clavier-Depardieu qui semble anticiper celui d'Astérix, accompagnés d'un projet à plus lointaine échéance d'une suite des *Visiteurs*. C'est remettre *Astérix* avec Poiré-Clavier aux calendes... romaines. Il convient d'explorer d'autres éventualités.

C'est ainsi qu'un jour de 1994, Claude Zidi reçoit un coup de téléphone de Claude Berri. « Je suis sur le projet d'Astérix. Est-ce que je peux te mettre sur la liste des réalisateurs intéressés ? » La liste, à vrai dire, n'a jamais comporté que deux noms, Jean-Marie Poiré et Claude Zidi. Celui-ci, qui a découvert Astérix dès 1959 comme lecteur du magazine *Pilote*, hésite un instant et donne son accord. Tandis que se décante la situation avec Jean-Marie Poiré et Christian Clavier, Claude Zidi entre dans la ronde. Aucun contrat n'a été signé entre Claude Berri et Albert

▲ *Gérard Depardieu a été le premier contacté pour jouer dans « Astérix » tant sa vocation à jouer Obélix semblait évidente. En tournant, en 1994, « Les Anges gardiens », il a eu l'occasion de roder sa complicité avec Christian Clavier.*

▼ *Christian Clavier (ici dans « Les Anges gardiens ») était le premier Astérix envisagé et c'est bien lui qui finalement tient le rôle. Personne ne s'étonne de voir Clavier s'éclater dans un rôle qui faisait envie à Louis de Funès.*

Uderzo, mais les deux hommes se sont rencontrés et ont constaté leur accord sur trois points essentiels : le respect général des caractéristiques des personnages et de l'esprit de la BD, la mise en œuvre des moyens importants qu'implique une telle production, le rôle d'Obélix réservé à Depardieu. Avant de se lancer dans la production, il faudrait sortir des idées générales, avoir une idée plus claire de film. Claude Zidi s'attelle au scénario.

Claude Zidi

" *J'ai dû découvrir Astérix dans le premier numéro de Pilote. Mais je ne savais pas que c'était Astérix. Je veux dire : personne n'imaginait la dimension qu'allait prendre cette BD. Donc je me suis mis au travail. J'ai lu consciencieusement tous les albums. Thomas Langman, qui est l'initiateur du projet, m'a mis en relation avec un type très sympa qui travaillait à la radio, François Meunier, un passionné d'Astérix qui avait établi une sorte de fichier des personnages et des situations de tous les Astérix. C'était une sorte d'encyclopédie, un outil de travail formidable, et j'ai travaillé deux mois avec lui pour entrer dans cet univers de personnages, de concepts, d'histoires, et même d'objets, et m'en imprégner. Cela m'a beaucoup aidé. Et puis je me suis lancé dans les livres d'histoire sur l'époque. Pendant tout un été, j'ai travaillé sur les deux gros volumes La Guerre des Gaules de Camille Jullian, qui évoquent non seulement les combats mais tout ce qui concerne les mœurs en Gaule, les rapports entre les hommes et les femmes, les formes de commerce, les caractères, comment, courageux et inconstants, généreux et divisés, il est aisé de dresser les Gaulois les uns contre les autres, comme l'avait très bien compris Jules César… et plus tard Goscinny. Après j'ai commencé à construire une histoire qui reprend beaucoup de matériaux trouvés dans la BD, mais, me semble-t-il, jamais au même endroit ni de la même manière. L'idée étant que le familier d'Astérix retrouve l'univers qu'il attend, mais découvre une intrigue nouvelle.* "

En 1995, Claude Zidi a terminé une première version du scénario d'un Astérix-film. Une étape importante est ainsi franchie.

Claude Berri

" *J'avais lu des albums. J'avais fait connaissance avec Astérix. Mais c'était peut-être un avantage que je ne sois pas complètement familier avec la BD. Parce que, quand j'ai lu le scénario de Zidi, là, pour la première fois, j'ai vu un film. En utilisant les éléments récurrents de la BD (les Romains, le*

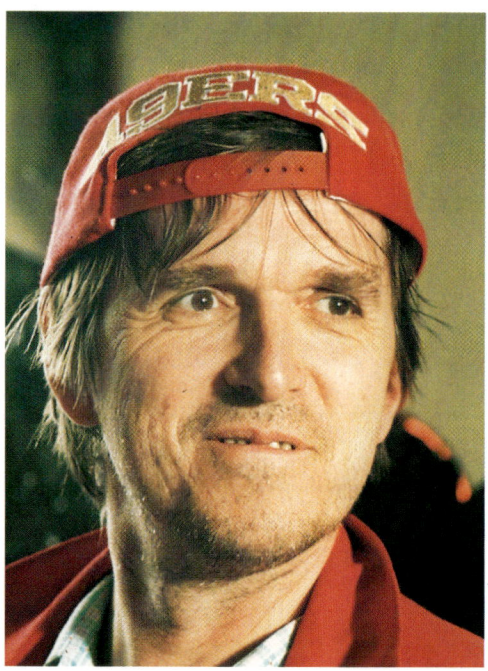

▲ *Formant équipe avec Christian Clavier, avec qui il a réussi notamment le fameux coup double des « Visiteurs », Jean-Marie Poiré, grand seigneur du film comique, a été le premier cinéaste en piste pour « Astérix ».*

▼ *À une période où Christian Clavier semblait indisponible, Daniel Auteuil envisagea de prendre le rôle d'Astérix et fit des essais en costume (ici en compagnie de Pierre Grunstein).*

village, la potion magique, le barde, les batailles de poissons, les personnages qui volent, etc.), il avait recomposé un scénario original qui m'a plu. C'est comme cela qu'on a pris le départ. 〞

Oui, mais à l'époque, le tandem Poiré-Clavier n'est plus en lice : qui jouera Astérix aux côtés de Depardieu ?
C'est à Daniel Auteuil que la proposition est faite. La carrière d'Auteuil a atteint durant ces dernières années le niveau le plus élevé après ses créations dans les deux films de Claude Sautet (*Quelques jours avec moi* et *Un cœur en hiver*), dans le *Lacenaire* de François Girod, et dans *Ma saison préférée* d'André Téchiné.
Claude Berri est particulièrement bien placé pour apprécier les extraordinaires compositions qu'Auteuil a réussies dans le rôle d'Ugolin (*Jean de Florette* et *Manon des Sources*) et dans celui de Henri de Navarre (*La Reine Margot*), trois films que Berri a produits, et, pour les deux premiers, dirigés. Comment fonctionnera le couple Depardieu-Auteuil dans des rôles comiques, comment porteront-ils les tenues d'Obélix et Astérix pour être drôles sans être ridicules ? Pour en avoir le cœur net, on décide de faire des essais que les deux comédiens eux-mêmes souhaitent. Guillotel, l'assistant du chorégraphe Philippe Decouflé, confectionne spécialement pour la circonstance les costumes des deux héros de la BD Et un jour, dans un petit studio de Saint-Ouen, on filme Daniel Auteuil et Gérard Depardieu marchant sur place sur un tapis roulant. Essais concluants. Tout le monde est rassuré, et on semble parti pour un film *Astérix* avec Auteuil et Depardieu dans les deux rôles principaux.
Mais la carrière surchargée et parfois agitée de Depardieu entraîne un report de plusieurs mois du projet. Entre-temps, Daniel Auteuil s'est posé des questions sur l'orientation de sa carrière, s'est intéressé à un sujet de film que lui a proposé Alain Corneau (et qu'il tourne finalement avec Patrice Leconte), qu'il voudrait faire passer avant Astérix, déclenchant un nouveau retard. Or il se trouve que Christian Clavier est libéré par la fin du tournage des *Visiteurs 2 (Les Couloirs du temps)*.
Claude Berri prend acte du retrait de Daniel Auteuil et propose à Clavier de reprendre le rôle d'Astérix qui lui était primitivement dévolu. Clavier accepte. L'affaire est conclue.
Après trois années de tâtonnements, dus principalement à la difficulté d'accorder les agendas des principaux protagonistes, le premier film sur Astérix est en route : production, Claude Berri, scénario et réalisation, Claude Zidi, avec Christian Clavier et Gérard Depardieu dans les deux rôles titres, Astérix et Obélix. Encore trois ans de travail et on pourra projeter sur un écran *Astérix et Obélix contre César*...

▲ *Philippe Decouflé (ici dans l'un de ses courts métrages) a eu une influence, directement, ou par personnes interposées, sur la réflexion artistique du film « Astérix ».*

▼ *C'est finalement Claude Zidi, autre poids lourd de la comédie à succès, qui reçoit l'honneur, la charge, la responsabilité et aura le plaisir de tourner « Astérix ».*

Plans de bataille

Puisqu'il s'agit d'une guerre entre Gaulois et Romains, les images militaires sont de circonstance. À ceci près qu'un film se prépare beaucoup plus minutieusement qu'une bataille. Pendant les six premiers mois de 1998, consacrés au tournage du film *Astérix et Obélix contre César* (que nous appellerons dans la suite de ce récit, *Astérix et Obélix*), plusieurs centaines de personnes collaboreront en continuité à cette entreprise et plusieurs milliers épisodiquement. Toutes ces personnes pratiquent des dizaines de métiers différents, travaillent pendant des durées différentes, à des périodes différentes, l'intervention de chacun devant se situer à un moment précis d'une chronologie globale préétablie. Quand le premier tour de manivelle est donné, le 2 février 1998,

▼ *Cette belle lumière digne d'Auguste Renoir rassemble, quelques mois plus tard, quand le tournage a commencé, les deux piliers de l'équipe, Claude Zidi (à gauche) et Pierre Grunstein, en compagnie des deux héros du film, Christian Astérix et Gérard Obélix.*

il est impérativement prévu que le film sortira sur six cents écrans le 3 février 1999. Pour y parvenir, il faut que tout se déroule selon le planning très strict qui a été décidé. L'année 1996 va fixer les bases générales de cette organisation. L'année 1997 organisera minutieusement toutes les phases de la production. Le monstre de complexité que représente la réalisation d'un tel film aura ainsi été ramené à des milliers et des milliers de petites interventions ponctuelles dont on aura établi qui les organise, qui les dirige, qui les exécute, où, quand et comment. C'est la phase obscure, anonyme, de la préparation. Elle conditionne les phases suivantes.

Une direction

Organiser, prévoir, planifier : les spécialistes vont se mettre au travail. L'ensemble du processus va se dérouler sous la direction de trois personnes : Claude Berri, le producteur ; Claude Zidi, le metteur en scène ; Pierre Grunstein, le producteur exécutif. De Claude Berri, nous avons déjà rappelé les étapes de sa double carrière de réalisateur et de producteur. Né en 1934, il a connu le succès dès son premier long métrage, *Le Vieil Homme et l'enfant*, inspiré par des souvenirs d'enfance. Toute une partie de son œuvre développera ainsi des sujets d'ordre autobiographique, dans la lignée de la saga d'Antoine Doisnel réalisée par son grand ami François Truffaut. Mais il a aussi exploré une autre voie, celle du film populaire à grand spectacle et grand souffle adapté de Pagnol (*Jean de Florette*), de Zola (*Germinal*) ou de l'Histoire (*Lucie Aubrac*). Le producteur a suivi la même double voie avec des petits films mais aussi des adaptations prestigieuses de Thomas Hardy (*Tess*, de Polanski), de Marguerite Duras (*L'Amant*, de Jean-Jacques Annaud), d'Alexandre Dumas (*La Reine Margot*, de Patrice Chéreau). C'est dans cette lignée, de toute évidence, que se situe *Astérix et Obélix* : la tentative de renouer avec une tradition trop désertée par le cinéma français du grand cinéma populaire. Claude Berri et Renn Production restent fidèles à cette ligne de conduite qui veut qu'on essaie d'aller au bout de ses envies, qu'il s'agisse d'un petit film ou d'une superproduction. A la mi-décembre, alors qu'*Astérix et Obélix* atteignait son stade ultime de finition, Renn sortait *Mookie* d'Hervé Palud (tourné au Mexique tandis que les Romains assiégeaient le village d'Astérix), et Claude Berri donnait discrètement le premier tour de manivelle d'une modeste production

▲ *Petit, discret, Claude Berri n'intervient que pour l'essentiel. Il a donné à ses sociétés les nom et prénom de la comédienne Katharina Renn qui lui a permis de faire ses débuts au théâtre. Car, producteur, scénariste et cinéaste, Claude Berri est aussi acteur.*

d'inspiration autobiographique *La Débandade*. « Je ne vois pas ce qu'il y a de contradictoire là-dedans, commente Claude Berri. Truffaut a fait la série de Doisnel et aussi *La Sirène du Mississippi* ou *Fahrenheit*… »
Également né en 1934, Claude Zidi a été opérateur avant de devenir réalisateur et de se spécialiser longtemps dans la comédie où il tire le meilleur, successivement, des Charlots, de Pierre Richard, de Jean-Paul Belmondo ou de Coluche. Son propos s'élargit avec les deux belles réussites des *Ripoux* et de *Association de malfaiteurs*. Longtemps champion du box-office, ses derniers films (*Profil bas*, *Arlette*) ont eu plus de mal à défendre leurs chances. Technicien éprouvé, réputé pour son sens du gag, Claude Zidi est aussi célèbre pour son contrôle de lui-même et la sérénité qu'il diffuse sur un tournage : atouts précieux pour affronter le tohu-bohu d'une très grosse production. Mais outre toutes ses qualités professionnelles, Claude Zidi a un autre titre à faire valoir sur le plateau d'*Astérix et Obélix* : il est de la famille. Tout le cinéma est traversé ainsi par des associations d'amitié, de solidarité, d'habitudes, parfois plus solides que les liens juridiques : des rapports d'affinités et de compagnonnage qui transcendent les structures professionnelles. Quand on parle à Depardieu de ses relations avec le film, il dit son intérêt pour Obélix, son plaisir de retrouver Clavier, Zidi. Et quand on l'interroge sur Berri : « Ah ! Claude, je n'en parle pas. Claude, c'est la famille. » Ces liens-là existent entre Berri et Zidi. Quand celui-ci veut tourner son premier film, il décide Christian Fechner à devenir producteur pour la circonstance. Pour le second film, *Les Fous du stade* (1972), c'est Claude Berri qui l'accueille dans sa société Renn Production, tandis qu'une société de distribution marseillaise, l'Agence méditerranéenne de location de films (AMLF) de Jacques Pezet, vient s'installer à Paris pour en assurer la diffusion. Ayant eu longtemps des intérêts mêlés, Claude Berri et Claude Zidi ont maintenu leur solidarité depuis plus de vingt-cinq ans ; restant l'associé naturel de Renn Production aujourd'hui dirigée par Richard Pezet, fils de Jacques, AMLF distribue *Astérix et Obélix contre César*…

Ce n'est pas que rien n'ait changé entre-temps. L'orientation de Renn Production vers des entreprises importantes et budgétairement lourdes supposait des possibilités financières de crédit accrues, et rendait souhaitable qu'elle s'appuie sur une institution plus forte. La société de Claude Berri a donc été acquise par l'une des plus anciennes et des plus puissantes sociétés de cinéma françaises, Pathé Cinéma, propriété de Jérôme Seydoux. Cette solution laisse Claude Berri maître de ses initiatives. Il a créé parallèlement une autre société, Katharine, qui assure 50 pour cent du financement d'*Astérix*.

▲ Un film comme « Astérix et Obélix contre César » est aussi une histoire de famille, ou plus exactement d'amitié, de compagnonnage. Claude Berri et Claude Zidi, Claude Berri et Gérard Depardieu sont des bons compagnons d'aventure, comme le sont Gérard Depardieu et Claude Zidi (sur cette photo en compagnie de la script-girl Valérie Gion, dite Lili).

Claude Berri et Claude Zidi ont une œuvre, une réputation derrière eux. Ce sont des personnages connus. Le troisième chef de file est un homme de l'ombre : par profession, par vocation. Pierre Grunstein (né en 1935) est lui aussi « de la famille » : il était le premier assistant de Claude Berri pour *Le Vieil Homme et l'enfant* (1967) et déjà le producteur exécutif sur le premier « poids lourd » de Renn, *Tess*, en 1979. Passionné par toutes les formes de spectacle, Pierre Grunstein a d'abord été régisseur de théâtre et a travaillé avec des maîtres tels que Pierre Dux, Raymond Rouleau, Michel Bouquet, ou pour la danse avec Ludmilla Tcherina avant d'entrer dans le cinéma par le court métrage industriel, puis comme assistant de Leenhardt, Ciampi, Resnais, Marker... Berri. Le rôle de producteur exécutif qu'il assume consiste à organiser, mettre en place, contrôler toute cette machine productive, désigner les chefs d'équipe, veiller à la bonne coordination des travaux, à l'établissement des prévisions et à leur respect, comme à celui du budget. Tout ce qui relève de l'artistique, tout ce qui concerne directement « ce qu'on verra sur l'écran » est de la responsabilité du metteur en scène, Claude Zidi. Tout ce qui relève de l'organisation du travail et des moyens mis en œuvre relève du producteur exécutif, Pierre Grunstein. C'est dire qu'une bonne entente entre les deux hommes, les deux fonctions, est souhaitable. Sur le tournage d'*Astérix et Obélix*, pas un seul différend à signaler.

▼ *Si Claude Zidi est un notable du cinéma comique, Christian Clavier est l'un de ceux qui ont entraîné un rajeunissement de la comédie par le rôle qu'il a joué dans la fameuse troupe du Splendid.*

41

Pierre Grunstein

❝ C'est aux environs d'octobre 1995 que j'ai eu en main un premier scénario écrit par Claude Zidi. Pas dans sa forme définitive, bien sûr, mais il existait. On pouvait commencer à travailler. Les deux Claude étaient conscients de l'importance du film sur le plan de la production. Il devenait urgent de faire, sinon un devis, en tout cas une estimation.

C'est là où l'on mesure à quel point, au cinéma, l'artistique et l'économique sont indissolublement liés. Par exemple, un des problèmes posés par le film était le village d'Astérix, principal décor, et de là, celui de l'action. Allions-nous le construire en studio ou en plein air, le tourner « en extérieurs » ? Il était possible de faire des estimations de coût et d'établir lequel des deux systèmes était le plus économique. Mais la priorité, dans une telle décision, n'était pas le coût. C'était évidemment la conception du film, son esthétique. J'avais commencé à étudier la solution des décors naturels, à chercher dans quel pays proche, à climat ensoleillé (Espagne, Italie), on aurait pu s'installer. Mais Claude Zidi a jugé préférable de se diriger vers le studio et a rallié tout le monde à cette solution. Seul le studio permet la constante stylisation nécessitée par l'adaptation d'une bande dessinée. Pour obtenir ce permanent effet de magie, il faut exercer un contrôle continu des lumières, ce qui aurait été impossible durant un très long tournage en extérieurs. ❞

Claude Zidi

❝ Pour tenter de trouver la stylisation visuelle de la BD, il fallait avoir recours au tournage en studio. Mais il y avait aussi d'autres raisons. Par exemple, je savais que dans le village, nous aurions pour des mois de travail dont les trois quarts en scènes de nuit. Je ne me voyais pas du tout tourner pendant deux mois dans un village, de neuf heures du soir à cinq heures du matin, sous la pluie, dans le vent, avec des acteurs torse nu. J'ai déjà fait cela, moins longtemps : c'est infernal. ❞

▶ *Pierre Grunstein et Claude Zidi, deux maîtres d'œuvre du film, avec cette première question clé : le village d'Astérix, en studio ou en extérieurs ?*

Pierre Grunstein

❝ *Le tournage en studio permet une plus grande concentration : il n'est troublé par aucun incident extérieur. Il autorise des prises de vues dans l'ordre des apparitions des scènes à l'écran : c'est un confort pour les comédiens et pour les raccords lumière du chef opérateur. Mais trois scènes seraient de toute façon tournées en extérieur : le camp romain et la bataille, la réunion des druides en forêt, le discours de César au bord de la mer. Restait à trouver où installer notre village en studio. Il fallait pour cela un plateau exceptionnellement grand. Je connaissais assez bien les studios, aussi bien à Prague qu'à Berlin, Londres ou Rome, et le seul qui s'y prêtait (c'est le plus grand, actuellement, en Europe) est celui qui se trouve à La Ferté-Alais (Essonne), qui offre une surface de quatre mille mètres carrés. Certes, il présente deux inconvénients : il n'est pas complètement équipé (par exemple, il n'est pas insonorisé), et il se trouve à soixante kilomètres de Paris, ce qui allonge le temps perdu en déplacements. C'était néanmoins la meilleure solution.*

Un autre problème de base découlait de l'aspect « fantastique » du film. Claude Berri me demandait toujours : « Est-ce que ce qui est écrit, on va le voir sur l'écran ? » Après avoir étudié la question, je suis allé à Londres où j'ai rencontré des gens très compétents dans les effets spéciaux. Mais en définitive, à la fois pour des facilités de rapports et des raisons de qualité, notre choix, avec l'accord de Claude Zidi, s'est porté sur une équipe française, la société Duboi, qui avait fait plusieurs films dont La Cité des enfants perdus et Alien IV. Sans pousser de cocoricos, ça me fait plaisir de savoir que chez nous, quand il y a des possibilités, des moyens, une envie, on peut vraiment tourner avec une grande qualité. ❞

▼ *Les effets spéciaux numériques vont faire chauffer bien des ordinateurs. Les calculs ont déjà commencé pour l'homme de la potion magique. Pour le moment, nous l'appellerons SFX 001.*

Ces questions de départ résolues, une estimation du coût peut être tentée, dans l'état encore bien maigre du dossier. Elle aboutira à un coût prévisible se situant dans la fourchette de deux cents à deux cent dix millions de francs. Le devis final, figurant deux ans plus tard dans le dossier demandant l'agrément du Centre national de cinématographie, se monte à 274 640 460 francs. C'est sans doute l'investissement le plus élevé jamais réalisé sur un film francophone. Donc une haute prise de risque ?

Claude Berri

" *Cela n'a pas de sens de parler de risque en partant du coût. Il y a des films très chers qui ne courent aucun risque et des films de six millions qui risquent de perdre six millions. Compte tenu de l'intérêt du sujet, de l'importance du marché de la BD, de la qualité de l'équipe et du travail, on peut considérer qu'Astérix est un film à risque raisonnable. Quant à savoir si c'est le film le plus cher... Est-ce qu'on a une idée de combien ça coûterait de réaliser* Les Enfants du paradis *aujourd'hui ?* "

La décision d'installer le village d'Astérix au studio de La Ferté-Alais n'a pas réglé tous les problèmes de studio. Le film comporte un autre grand décor qui ne peut pas être construit en extérieur : celui du cirque romain. Un film financièrement très lourd exige des coproducteurs. Parmi les pays étrangers où Astérix est particulièrement apprécié, l'Allemagne est en tête. Une négociation s'engage — et se conclut positivement — par l'entrée en coproduction de la société munichoise Bavaria Film, qui prendra en charge la fourniture du grand studio Bavaria, la construction du décor et le personnel (techniciens, figurants),

▼ *La décision de construire en studio le village d'Astérix et Obélix correspond aux vœux aussi bien du metteur en scène (à gauche) que de l'équipe « image » du film (au centre, le cadreur, Yves Agostini, à droite, le directeur de la photographie Tony Pierce-Roberts.*

nécessaires pour les trois semaines de tournage de ces scènes, à l'exception bien entendu de l'équipe de Claude Zidi, qui demeure maître d'œuvre. De son côté, Bavaria Film recevra une aide du land de Bavière en vertu d'une loi d'encouragement au cinéma dont bénéficient les films ayant recours aux studios et aux techniciens de la région.

Pendant que finances et technique s'organisent, Claude Zidi retravaille son scénario. La première version a déclenché des remarques diverses des principaux intéressés, Claude Berri et les deux interprètes principaux. On approfondit, on détaille chaque scène, d'autant plus que chaque corps de métier (décor, lumières, maquillages, accessoiristes, etc.) organise son travail, et qu'il lui faut disposer d'un document de base le plus précis possible. Ce scénario de Claude Zidi comporte un dialogue minimum, fonctionnel. Pour le polir, l'enrichir, on décide de faire appel à un collaborateur, Gérard Lauzier. Lui-même auteur (scénariste et dessinateur) de bandes dessinées (*La Course du rat*), de pièces de théâtre et de films (*P'tit Con*, *La Tête dans le sac*), il se situe à l'exact carrefour du mot et de l'image. Exceptionnellement, il accepte d'entrer ainsi dans le film d'un autre.

Une équipe

Gérard Lauzier

❝ *Je n'ai jamais vraiment travaillé avec René Goscinny, mais je l'ai connu bien entendu, car j'ai débuté à Pilote où il était un peu notre père à tous. J'ai toujours eu pour lui beaucoup d'admiration et beaucoup de reconnaissance, car ceux qui font de la BD pour adultes, c'est lui qui leur a permis d'exister. Mon admiration s'est renforcée de la relation que je viens d'entretenir avec Astérix après qu'on m'eut demandé de développer les dialogues du scénario de Claude Zidi. Ses dialogues de la BD sont à la fois clairs, intelligents, faussement naïfs et assez didactiques. Et surtout, ils réalisent un alliage incroyable entre cette époque du premier siècle avant Jésus-Christ et la vie quotidienne d'aujourd'hui, sans tomber dans les lourdeurs du pastiche déclaré. De plus, il invente des mots, au bord du latin de cuisine et, en grand cuisinier de la langue, il détourne des expressions avec le plus grand raffinement. Cela a été très amusant pour moi de me glisser là-dedans, avec toute la modestie que nécessite cet exercice. Avec aussi quelques problèmes. Par exemple, Goscinny écrivait un dialogue destiné aux bulles de ses personnages, un dialogue destiné à être lu. Le mien doit être dit par des comédiens, il faut le mettre en bouche, c'est une approche différente. Heureusement, le scénario est très*

solide et Zidi a réussi à retrouver le ton des albums et leur univers tout en construisant une histoire originale très forte. Il faut avoir des « couilles en bronze » (et c'est vrai des principaux responsables du film) pour se lancer dans une entreprise aussi complexe et aussi risquée. 🙲

Claude Zidi et Pierre Grunstein se concertent pour engager les chefs de file de l'équipe technique. Le plus souvent, un metteur en scène souhaite retrouver quelques professionnels avec qui il a l'habitude de travailler, d'où une confiance accrue et une compréhension immédiate. Mais par

▼ *Une équipe, c'est un climat. À travers cette image se décrypte le climat Zidi : convivialité, décontraction, concertation. À gauche, Christian Clavier et Gérard Depardieu, puis Lili, Claude Zidi, et Denis Seurat, premier assistant du film.*

ses dimensions et sa nature, *Astérix et Obélix* pose des problèmes spécifiques qui orientent le recrutement. Notamment pour deux personnages clés : le chef décorateur et le chef opérateur, qui auront l'un à concevoir, l'autre à éclairer les quatre mille mètres carrés du village des Gaulois où se déroulent les deux tiers de l'action.

C'est un homme jeune par l'âge et dans le métier qui se voit confier le prestigieux chantier gaulois. Né en 1961, Jean Rabasse n'a signé que deux films, jusqu'alors comme chef décorateur : *Je m'appelle Victor* de Guy Jacques, et *La Cité des enfants perdus* de Caro et Jeunet. D'une part, il a fait les Beaux-Arts, d'autre part, passionné de cinéma, il écrit des scénarios avec des copains, sans jamais imaginer que Beaux-Arts et cinéma réunis ouvrent une voie commune : le décor. Un jour, un camarade assistant-stagiaire sur le film *Beau Temps, mais orageux en fin de journée* de Gérard Frot-Coutaz, lui demande un coup de main pour deux jours. Il y restera deux mois. Assistant sur *Le Brasier* et sur plusieurs films d'Agnès Varda, il est appelé sur *Delicatessen* pour s'occuper des maquettes et en vient à concevoir des décors. L'expérience acquise sur *La Cité des enfants perdus* a évidemment beaucoup pesé dans le choix de Claude Zidi et Pierre Grunstein. Tourné aussi à La Ferté-Alais avec un gigantesque décor recouvrant tout l'espace et représentant tout un port, le film, sans ressembler en rien à *Astérix et Obélix*, posait des problèmes comparables pour les décors et avait reçu des réponses exceptionnellement pertinentes. C'est d'ailleurs en allant visiter le studio de La Ferté-Alais que Pierre Grunstein avait découvert le décor de *La Cité des enfants perdus*. S'il s'est intéressé à Jean Rabasse, c'est aussi parce que celui-ci fait partie de l'équipe de Philippe Decouflé, le chorégraphe révélé par les Jeux olympiques d'hiver de 1996.

Pierre Grunstein

❝ *Je pense que ces dernières années, il fallait regarder du côté de la danse pour suivre l'innovation, la création. De même que pendant les années soixante, l'innovation venait du théâtre, du Berliner Ensemble de Brecht, du* Titus Andronicus *de Peter Brook, des opéras montés par Visconti ou des Goldoni mis en scène par Strehler, aujourd'hui le renouvellement passe beaucoup par la danse, depuis les premiers spectacles de Pina Bausch. Il y a toute une école française, dont fait partie Decouflé, qui a entraîné derrière elle des décorateurs, des costumiers, des musiciens, des éclairagistes qu'il est impossible d'ignorer.* ❞

▶ *Au plafond, les lumières. Au sol, le décor. Lumières, décor, ce sont deux secteurs capitaux, pour lesquels il faut trouver les meilleurs chefs d'équipe.*

Jean Rabasse

❝ *Pour moi, travailler avec Decouflé, c'est comme faire de la recherche fondamentale : une véritable gymnastique intellectuelle. On passe des mois à construire des petites choses avec de tout petits budgets, mais en allant au fond des choses. On apprend à dire des choses juste avec des signes, des symboles. La danse travaille beaucoup sur l'abstraction. Savoir qu'uniquement par des harmonies colorées on peut amener un sentiment : c'est chez Decouflé que j'ai appris cela.*

Pierre Grunstein a eu une heureuse idée : il m'a contacté deux ans avant le film. Quand il m'a parlé d'Astérix, je me suis tout de suite dit : « Oh là là ! Ce n'est pas pour moi ! » C'est Guillotel, le costumier de Decouflé, qui m'a démontré le contraire. Le problème était d'arriver à concilier la réalité incontournable du comédien avec la poésie et l'abstraction de la BD. Derrière Depardieu, comédien en chair et en os, pesant au cadre, à l'image, avec tout son poids et tout son passé, vous ne pouvez pas mettre un décor de BD. Il faut instaurer un climat spécial où les gens ne soient plus trop sûrs de ce qu'ils ont devant les yeux : ni la fantaisie déployée de la BD, ni le réalisme habituel du cinéma, mais une autre chose réaliste et poétique à la fois.

Pour y arriver, il fallait d'abord que je m'éloigne d'Uderzo. J'ai fait de la documentation, cherché comment étaient les maisons en 50 avant Jésus-Christ, consulté tous les livres sur le sujet, visité des villages reconstruits par des

▼ *Au centre, avec des lunettes, Jean Rabasse va inventer un style décoratif Astérix qui enchantera tous les visiteurs du studio de La Ferté-Alais et des autres lieux de tournage.*

archéologues. De cette recherche je n'ai rien tiré qui tienne, scientifiquement parlant. Mais ça m'a aidé à sortir de la BD. A partir de ce moment-là, je me suis senti libre d'inventer le village de Clavier-Astérix et Depardieu-Obélix. Enfin, libre… compte tenu des contraintes : le studio fait quatre mille mètres carrés, quatre-vingts mètres sur cinquante mètres. Mais il faut ménager une circulation pour les gens et le matériel. On ne dispose en fait pour le décor que de soixante-cinq mètres sur quarante. Cela a l'air énorme mais ce n'est rien pour installer tout un village. Au début, les maisons étaient prévues séparées comme dans la BD. Mais à cause du manque d'espace est venue l'idée de les accumuler les unes près des autres : ainsi nous récupérions l'espace, nous nous éloignions de la BD, nous ouvrions des voies de circulation nécessaires à la vie, à l'animation des lieux. On n'a pas travaillé seulement sur la profondeur du village, mais aussi sur sa hauteur, on a imaginé que le terrain n'était pas plat mais encaissé, formant une cuvette dont la place et son chêne seraient le centre ; le village serait entouré de petites collines avec de l'eau qui coulerait. Les détails de volume se sont accumulés pour donner animation et diversité. Puisqu'il y avait relief, il y aurait des talus. C'est très important car nous avions de l'herbe verte au sol mais avec terrain plat et une caméra à hauteur d'homme braquée sur les comédiens, c'est à peine si on aperçoit le sol, tandis que les talus rétablissent le vert dans le cadre. Claude Zidi m'avait dit : « Ce doit être un village où tout le monde ait envie d'habiter, le petit village dont on a tous rêvé. » C'était une très belle indication et nous avons travaillé dans ce sens-là. Avec une idée claire : l'important, pour un décor, ce n'est pas d'être joli, c'est d'être vivant.

Par exemple, nous avons beaucoup pensé à la circulation des gens du village. On a demandé à Decouflé — en l'occurrence à sa femme, Véronique Defranoux — d'avoir un regard de chorégraphe sur les déplacements des villageois. Cela nous a donné l'idée d'une circulation de maison à maison, avec des passages, des escaliers qu'on puisse monter, descendre, trouver son chemin, faire vivre le village par les déplacements de ses habitants : le cinéma ne s'occupe pas beaucoup de ces circulations, alors que pour la danse, organiser l'espace par le mouvement, c'est très important. 〞

▶ « *Un village où tout le monde ait envie d'habiter, le petit village dont on a tous rêvé.* » *De cette indication de Claude Zidi, Jean Rabasse va faire une réalité.*

Si la conception des décors débute par une réflexion globale, elle s'incarne vite dans des actes concrets, d'une incroyable variété, qui vient des esquisses raffinées des premières idées de paysage et de maisons, jusqu'à la mise en œuvre de plusieurs centaines de personnes pour la phase de la construction. L'équipe chargée de la décoration d'*Astérix et Obélix* compte trente-huit responsables : assistants, accessoiristes, régisseurs, tapissiers, paysagistes, dessinateurs, chefs des départements de construction, de menuiserie, de serrurerie, de peinture, plus le travail des staffeurs ou des ripeurs. Particularité du secteur : le département décoration gère son budget, choisit ses fournisseurs, tient une comptabilité analytique des dépenses et engagements, répond du respect des prévisions. Avril et mai 1997 ont été consacrés à l'organisation générale du travail et à l'établissement des budgets prévisionnels. Et pour finir, le budget aura été tenu dans la marge des 5 % de variation tolérée : il s'agit d'un investissement de près de quarante millions, représentant 15 % du devis du film. On mesure l'importance des responsabilités ici assumées. L'autre responsable artistique important est le chef opérateur ou, plus exactement, le « directeur de la photographie ». Le professionnel choisi pour *Astérix et Obélix* est un opérateur d'expérience et de réputation internationale. Tony Pierce-Roberts, né en Angleterre en 1944, passe sa jeunesse en Afrique où il s'initie à la prise de vues. De retour à Londres, à vingt et un ans, il travaille treize ans pour la BBC avant de débuter au cinéma. Il est déjà « chef-op » sur *Travail au noir* réalisé en Angleterre par Skolimovski, se fait remarquer (avec diverses récompenses et sa première nomination aux Oscars) avec l'image de *Chambre avec vue* de James Ivory, avec qui il tournera cinq autres films, et notamment *Retour à Howards End* qui lui vaudra de nouvelles médailles. Cette carrière prestigieuse avait bien entendu attiré l'attention de Claude Zidi et de Pierre Grunstein. Mais tout autant le fait que Tony Pierce-Roberts avait réussi à se faire accepter par le syndicat américain des opérateurs, lorsqu'il tournait à Hollywood des films lourds et compliqués, dont *Harcèlement* (*Disclosure*, de Barry Levinson), sur un plateau plus vaste que celui prévu pour Astérix. Une telle expérience renforce la confiance et donne au directeur de la photographie un surcroît d'autorité.

Tony Pierce-Roberts

“ *J'étais en Amérique quand Pierre Grunstein m'a téléphoné pour me parler d'Astérix. Je connaissais Astérix, pas très bien mais suffisamment pour l'identifier. J'ai toujours eu envie de faire un film avec Depardieu. Après dix films en Amérique, j'étais content d'aller en France. Je comprenais qu'il s'agissait d'une production exceptionnelle par son envergure, son ambition. Il n'y a jamais eu de film européen d'une telle échelle, sur cette époque, à la fois énorme et drôle. Il était évident que si on avait pensé à moi pour tourner un film d'esprit tellement franco-français, c'est qu'on avait des ambitions qui dépassaient la simple comédie. Quand je suis arrivé, le décor du village était presque terminé et j'ai découvert que j'avais affaire à un décorateur d'un niveau exceptionnel. C'est très important pour l'organisation de la lumière. Probablement avais-je été choisi en partie parce que j'avais déjà travaillé sur des plateaux très vastes. Celui du film américain Harcèlement était plus vaste que le studio de La Ferté-Alais. Mais ici, l'essentiel du tournage en studio était supposé se passer en plein air, ce qui pose des problèmes d'éclairage tout à fait différents. Pour couvrir une telle surface d'une lumière solaire (ou supposée telle) crédible, j'ai dû faire venir de l'étranger deux énormes lampadaires, chacun grand comme le mur de ma chambre, des « Wendy lights ». Dans la plupart des films où un tel problème se pose, on passe la moitié du temps à parler du prix que cela coûte, à s'occuper du budget plutôt que de s'occuper de la lumière. Sur ce film, on s'occupait de la lumière. Ce devrait être la règle.*

Le plus souvent, les comédies, ou films comiques, sont éclairés sans grand soin, sans créer d'atmosphère. On s'intéresse au rythme du film, au jeu des comédiens. On règle les lumières pour qu'on voie bien les acteurs, on s'en va, et ils font ce qu'ils ont à faire. Ici, il était clair que le parti pris serait d'être plus réaliste, plus poétique, plus séduisant, et que tout jouerait son rôle, y compris la lumière. ”

▼ *Tony Pierce-Roberts scrutant le ciel : la plus économique des sources lumineuses, mais aussi la plus instable.*

Les Comédiens

Cette étape du recrutement concerne aussi le choix des comédiens : engager Astérix et Obélix, Clavier et Depardieu, ne résout pas tous les problèmes. Il y a, notamment dans le village des Gaulois, toute une série de personnages un peu secondaires pour l'histoire, mais néanmoins importants, très typés, complètement associés à la saga de la BD. Pas question de se passer du barde Assurancetourix, d'Agecanonix ni de Bonemine ! Pour tous ces rôles, sans chercher une ressemblance très poussée (que costume et maquillage pourront améliorer), il faut néanmoins trouver des acteurs de talent qui, par leur âge et certaines caractéristiques physiques (la taille, l'embonpoint) se rapprochent de leur modèle.

▲ *Le couple le plus improbable de l'histoire des Gaules : la préciosité charmeuse et juvénile d'Arielle Dombasle, et la rugosité pugnace et patriarcale de Sim (Agecanonix et sa femme).*

Claude Zidi a envisagé un instant d'avoir recours à une distribution assez jeune et dans le vent. Mais la plupart des personnages à incarner ont déjà un certain âge. Il se trouve que correspond aux héros d'Astérix toute une génération d'acteurs merveilleux dont il aurait été stupide de se priver. Et si on avait recours à eux, le rôle d'Abraracourcix, le chef du village, ne revenait-il pas tout naturellement à Michel Galabru, véritable chef du village du cinéma comique ? Il en a à la fois le talent, la stature, l'autorité et l'image. Dans son sillage, les noms de Claude Piéplu, Sim, Jean-Pierre Castaldi, Roger Milo, Daniel Prévost se sont imposés, ainsi que ceux de quelques comédiens plus jeunes, comme Pierre Palmade. Si Agecanonix était joué par Sim en vieillard hideux, l'idée était amusante

de le marier à son contraire absolu, Arielle Dombasle, belle et fraîche jeune femme tout droit sortie des films d'Éric Rohmer.

Un des rôles les plus difficiles à distribuer fut celui d'Idéfix. Quand on demanda à Uderzo à quelle race appartenait le chien qu'il avait dessiné, il annonça qu'il n'en savait rien : « J'ai dessiné un chien », se contenta-t-il de répondre. Or à ce chien blanc, il a mis une tache noire au bout des oreilles et une au bout de la queue. Cette race n'existe pas. On a fini par trouver un bâtard tout blanc auquel fut collé du noir aux trois endroits appropriés. Finalement, trois chiens différents furent utilisés en alternance, deux mâles et une femelle. En faisant attention aux plans de dos, où l'on perçoit leur différence…

▲ *Le couple le mieux assorti de l'histoire des Gaules : l'imposante rondeur de Marianne Sägebrecht, et la tonitruante majesté de Michel Galabru (Bonemine et Abraracourcix).*

Le recrutement des comédiens peut être influencé par le recours à des coproductions qui entraînent l'obligation d'utiliser des acteurs des pays coproducteurs. C'était le cas pour la coproduction avec l'Allemagne déjà évoquée. Trois rôles importants furent réservés à des Allemands, ceux de Bonemine, de César et de Falbala. Pour interpréter la volumineuse épouse d'Abraracourcix, Marianne Sägebrecht, la merveilleuse révélation de *Bagdad Café*, constituait le personnage idéal. Non seulement elle jouera le jeu à la perfection, mais elle se révélera une compagne de travail d'un étonnant charisme qui lui vaudra la sympathie de toute l'équipe. Pour incarner César, le chef des Romains, le choix se porta sur un grand interprète de Shakespeare au théâtre et de Fassbinder au cinéma, Gottfried John, un comédien d'une autorité exceptionnelle, sans doute l'acteur du film qui ressemble le plus au modèle de la BD. Pour Falbala, la situation se compliqua quand Claude Zidi eut l'occasion de rencontrer la jeune mannequin Laëtitia Casta qui lui parut, par sa beauté, sa fraîcheur, sa santé manifeste, constituer une solution séduisante. Ainsi fut-il fait, après un accord avec les coproducteurs

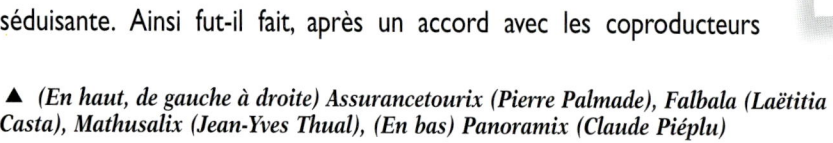

▲ *(En haut, de gauche à droite) Assurancetourix (Pierre Palmade), Falbala (Laëtitia Casta), Mathusalix (Jean-Yves Thual), (En bas) Panoramix (Claude Piéplu)*

pour reporter sur d'autres rôles l'emploi du troisième Allemand. Les contraintes de la coproduction allemande tournèrent finalement au bénéfice du film. Et que dire de la coproduction italienne, envisagée, et obtenue ! 99

Claude Berri

66 Je ne me mêle pas beaucoup du stade de la préparation du film. Mais s'il y a une chose dont je revendique la responsabilité, c'est d'avoir voulu, et obtenu, Roberto Benigni dans la distribution. Je ne l'avais vu que dans Down by Law de Jim Jarmush et La Voce della luna de Federico Fellini. Un soir à la télévision, j'ai vu son film, Le Monstre, et j'étais écroulé. J'ai tout de suite pensé à lui pour le rôle du méchant, Detritus. L'idée a plu à Claude Zidi, et j'ai commencé mes démarches. Bien sûr, je savais que si j'obtenais Benigni, j'aurais une coproduction italienne. Mais ce n'était pas ma raison de base. Je voulais ce comédien-là dans ce rôle-là ! C'était cela l'important. Et cela n'a pas été facile... 99

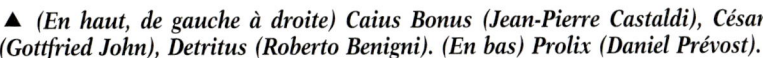

▲ *(En haut, de gauche à droite) Caius Bonus (Jean-Pierre Castaldi), César (Gottfried John), Detritus (Roberto Benigni). (En bas) Prolix (Daniel Prévost).*

Roberto Benigni

❝ *Quand je préparais* La vie est belle, *j'ai fait passer des essais tout un après-midi à une dizaine de comédiens. A sept heures, je dis à mon assistant : « C'est fini, on arrête. » Il sort, j'entends des éclats de voix dans le couloir, il revient et me dit : « Il y en a encore trois qui refusent de partir. Et ils parlent français. » C'était Claude Berri et ses compagnons. Claude m'a dit : « J'ai une proposition à te faire : tu ne peux pas me dire non ! » Et il m'a parlé d'Astérix. J'ai beaucoup lu Astérix quand j'avais seize-dix-huit ans. Mes amis, ma famille sont des familiers d'Astérix. J'ai même eu le projet d'écrire aux auteurs, dans le temps, parce que j'étais malheureux que les Romains soient toujours battus et je voulais demander qu'une fois, au moins une fois, ce soient eux qui disposent de la potion magique… Bref, Berri me parle d'Astérix, cela m'excite, réveille quelque chose de l'enfance, du plaisir de la vie, la chance d'entrer dans la bande dessinée : un projet émouvant, comme celui qu'avait eu Fellini de me faire tourner Pinocchio. Tout cela me touche beaucoup, mais je suis en pleine préparation de* La vie est belle, *incapable de m'intéresser à autre chose, et je refuse. « Tu ne peux pas dire non », me répond Claude Berri. « Je te donne quatre mois pour changer d'avis. » Quatre mois plus tard, il me téléphone. Je suis en plein tournage et je dis non. « Tu ne peux pas dire non », répond Berri. « Je te donne deux mois de réflexion. » Et la même scène encore, deux mois plus tard. Mon film est terminé. Je suis rassuré. Mais il faut préparer la sortie dans différents pays. Et une tournée où je présente mon one man show dans des stades de 30 000 personnes, comme les rock-stars. En dépit de mon envie de dire oui, je refuse. Et cette fois, c'est définitif : Berri ne peut plus attendre. Il a été très gentil, très calme et m'a seulement dit : « Je te comprends, mais je suis désolé car je t'aime beaucoup. » Je suis rentré chez moi. Je n'ai pas dormi de la nuit. J'ai repensé à Astérix, au plaisir nouveau pour moi de jouer Detritus, le méchant du film, au beau scénario de Zidi, à Claude Berri qui est une sorte d'Astérix à sa manière, dans sa tête et dans son cœur. Au matin, je l'ai appelé. Il a décroché et je lui ai dit : « Bonjour. C'est Detritus. L'homme qui ne peut pas dire non ! » Et nous avons ri et nous étions heureux tous les deux !* ❞

▼ *Tout au long de la préparation et du tournage de son film « La vie est belle », Roberto Benigni était poursuivi par Claude Berri qui voulait lui confier le rôle de Detritus. Après trois « non », Detritus a dit « oui ». Ci-dessous : Benigni dans « La vie est belle ».*

Planning

Les équipes se forment et se mettent au travail. Surtout du côté de Jean Rabasse, puisqu'il faut concevoir les décors et les construire avant de commencer le tournage. Dessins, plans et devis s'accumulent. En décembre 1997, à un mois de l'entrée au studio, sept documents sont prêts, résultats d'un an de travail, qui constituent les rails sur lesquels le film devra rouler sans heurts jusqu'à sa sortie en salle.

▲ *Une fois le planning établi, le film sera pendant de longs mois un vaste chantier sur tous les lieux de tournage et plus spécialement au Studio 4 000 de La Ferté-Alais, où le matériel s'accumule tandis que deux hommes ont commencé de peindre un vaste cyclorama.*

Le dossier décors. Ensemble de plans, de dessins, de photos, de maquettes qui déterminent l'aspect physique, les facilités et contraintes des trois principaux sites de tournage prévus : le village, au studio de La Ferté-Alais, le camp romain à Clairefontaine (Yvelines); le cirque romain à Munich. C'est de loin le dossier le plus avancé au point d'être presque dépassé puisque le décor principal, le village, est en voie d'achèvement, et le cirque romain en cours de construction.

▼ *Le plan du décor du cirque romain, au studio de Munich, où commencera le tournage. Ce plan prévoit les zones des crocodiles (une piscine chauffée), la zone des mygales (une cuve), la zone des éléphants, tout autour, les grillages pour contenir le public des soldats romains, et les accès aménagés pour les animaux. Ci-contre : le décor en cours de construction.*

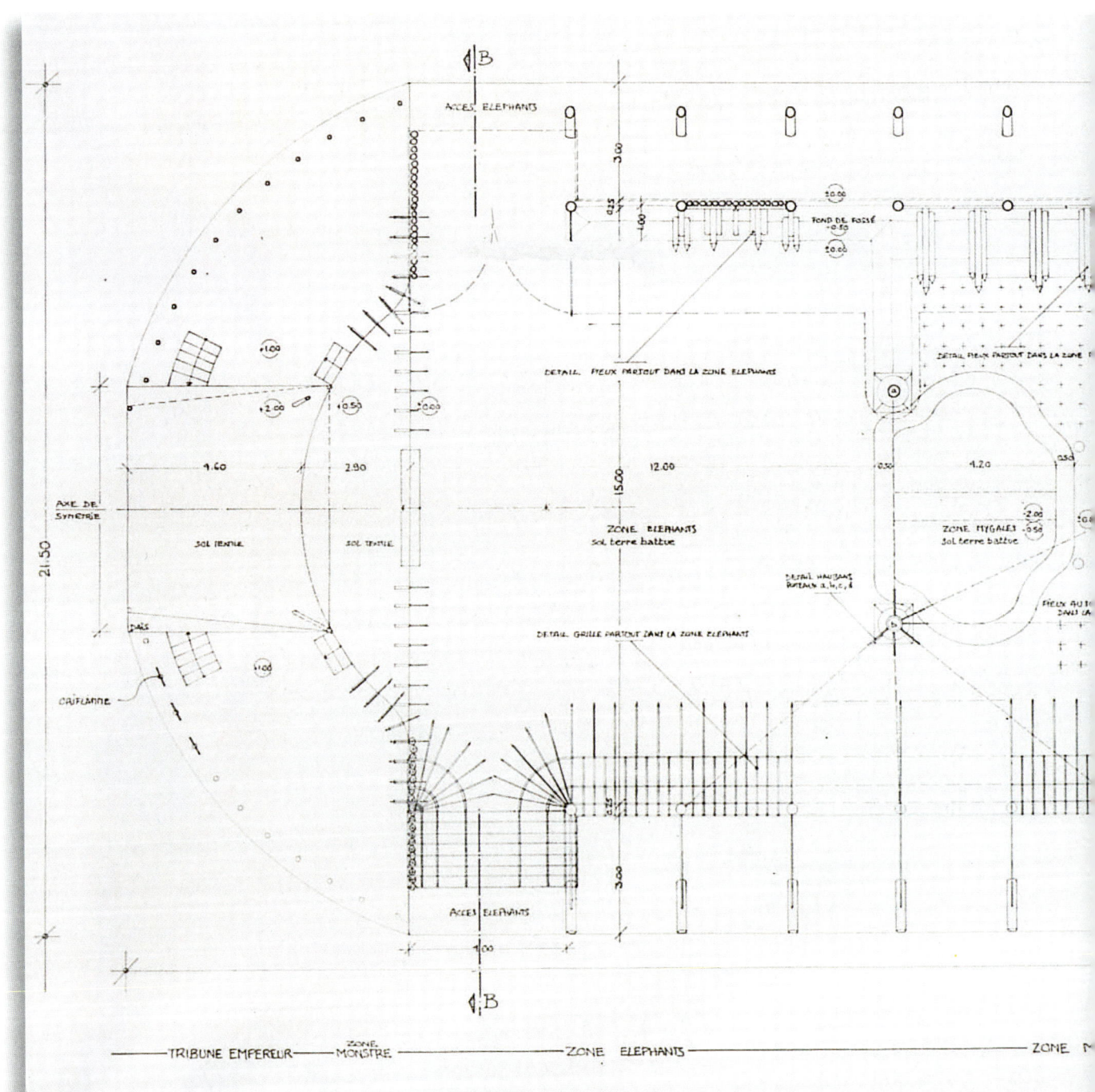

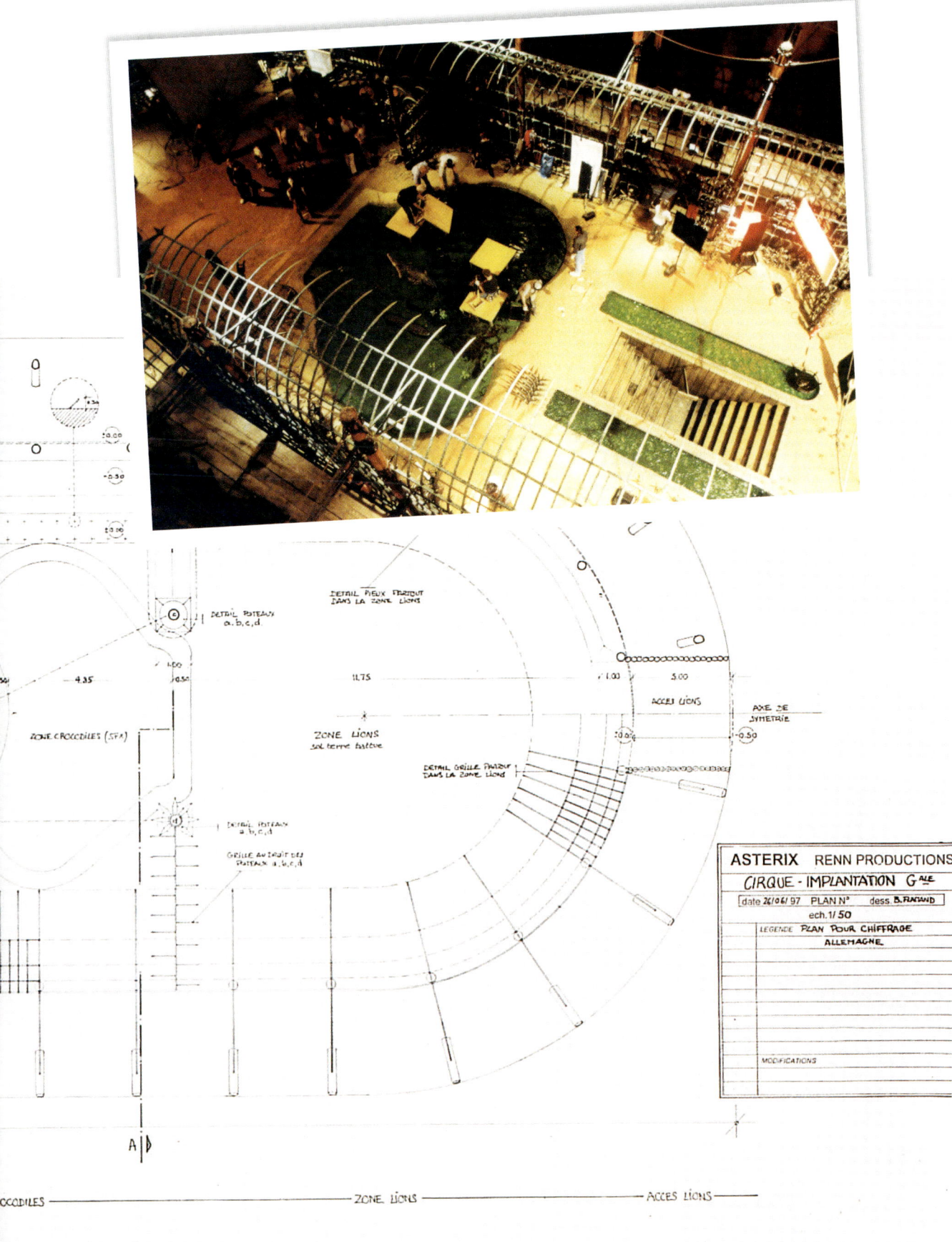

Le scénario auquel Claude Zidi a donné sa forme plus ou moins définitive (il y aura encore de petits changements en cours de route) et qui s'est enrichi des dialogues de Gérard Lauzier.

Le story-board. C'est la transcription du scénario en dessins. Certes, tous les plans ne sont pas dessinés. Et les dessins sont simplifiés au maximum : les décors, par exemple, ne sont indiqués que s'ils ont un rôle fonctionnel dans le plan. Mais, sur les indications de Claude Zidi, l'angle de vue est celui prévu pour la caméra et la composition du plan indique l'objectif retenu. Le story-board traduit en images le découpage technique et permet de préparer le tournage à tous ceux qui ont à intervenir.

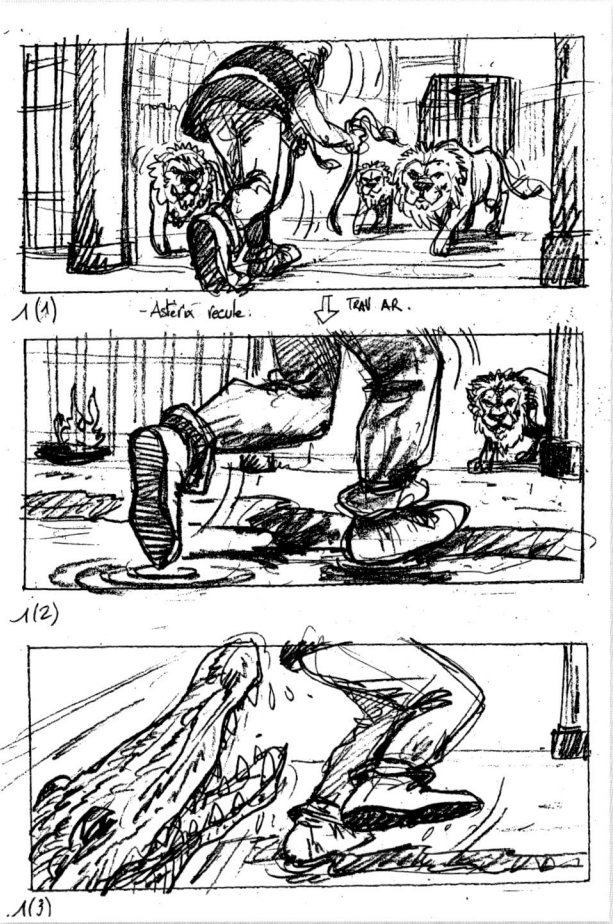

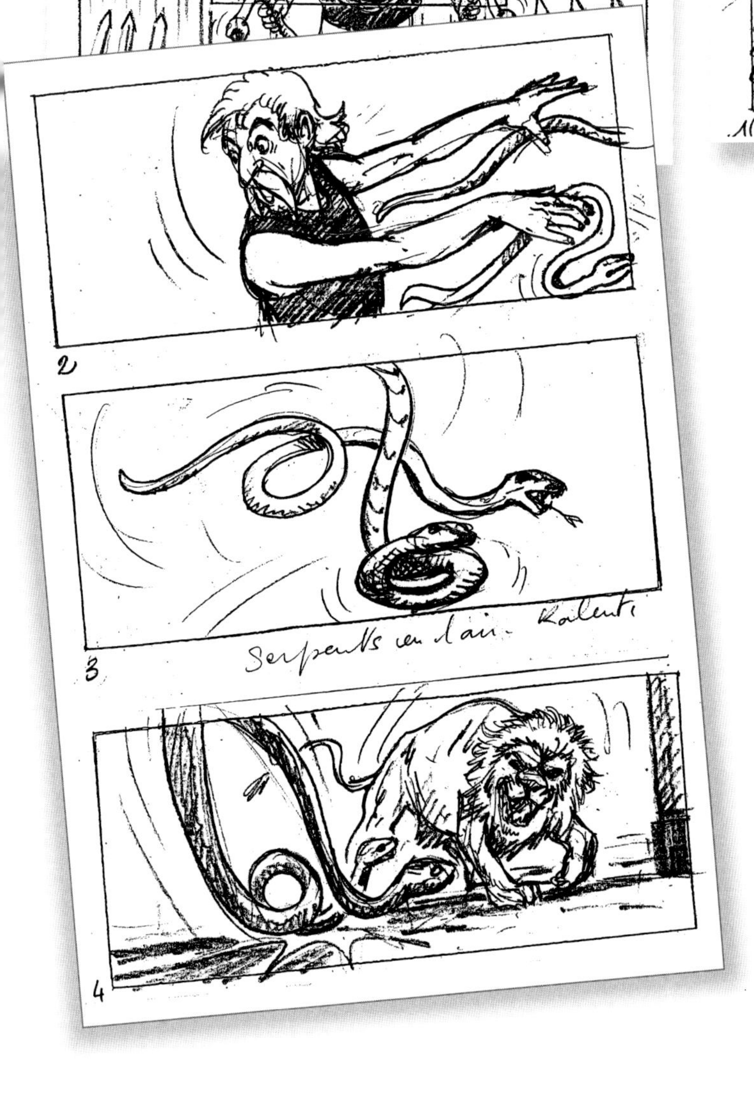

▲ Ces pages du story-board évoquent l'action de la séquence 117 à la séquence 125, quand Astérix s'échappe de la cage aux serpents, se retrouve face aux lions, et se sert finalement des serpents pour se débarrasser des lions. Le dessin marqué, en haut, en marge, « 122 » concerne un «plan de coupe» où on abandonne l'action pour rejoindre Detritus et Obélix qui suivent le spectacle. On retrouvera les dernières images (lion et crocodile) dans le chapitre sur les effets spéciaux.

Le plan de travail. C'est un document gigantesque de plusieurs mètres de long, un tableau qui porte en abscisse le nom de chaque comédien (et de son personnage) et en ordonnée le numéro de référence du jour de tournage (1. le premier jour, et ainsi de suite), la date du jour concerné, le lieu prévu pour le tournage, les numéros des plans à tourner. Dans les petits carreaux formés par la rencontre de ces lignes perpendiculaires, un signe graphique est porté chaque fois qu'un comédien est requis. Chacun sait ainsi son emploi du temps, quand il est de tournage, où, pour quoi faire, et de son côté le régisseur connaît la liste des comédiens à convoquer chaque jour. Un simple coup d'œil, en décembre, et Jean-Pierre Castaldi, titulaire du rôle de Caius Bonus, peut constater que, le 1er juin, il tournera de jour à Clairefontaine des scènes de la bataille dite « des tortues ». Les assistants qui établissent ce

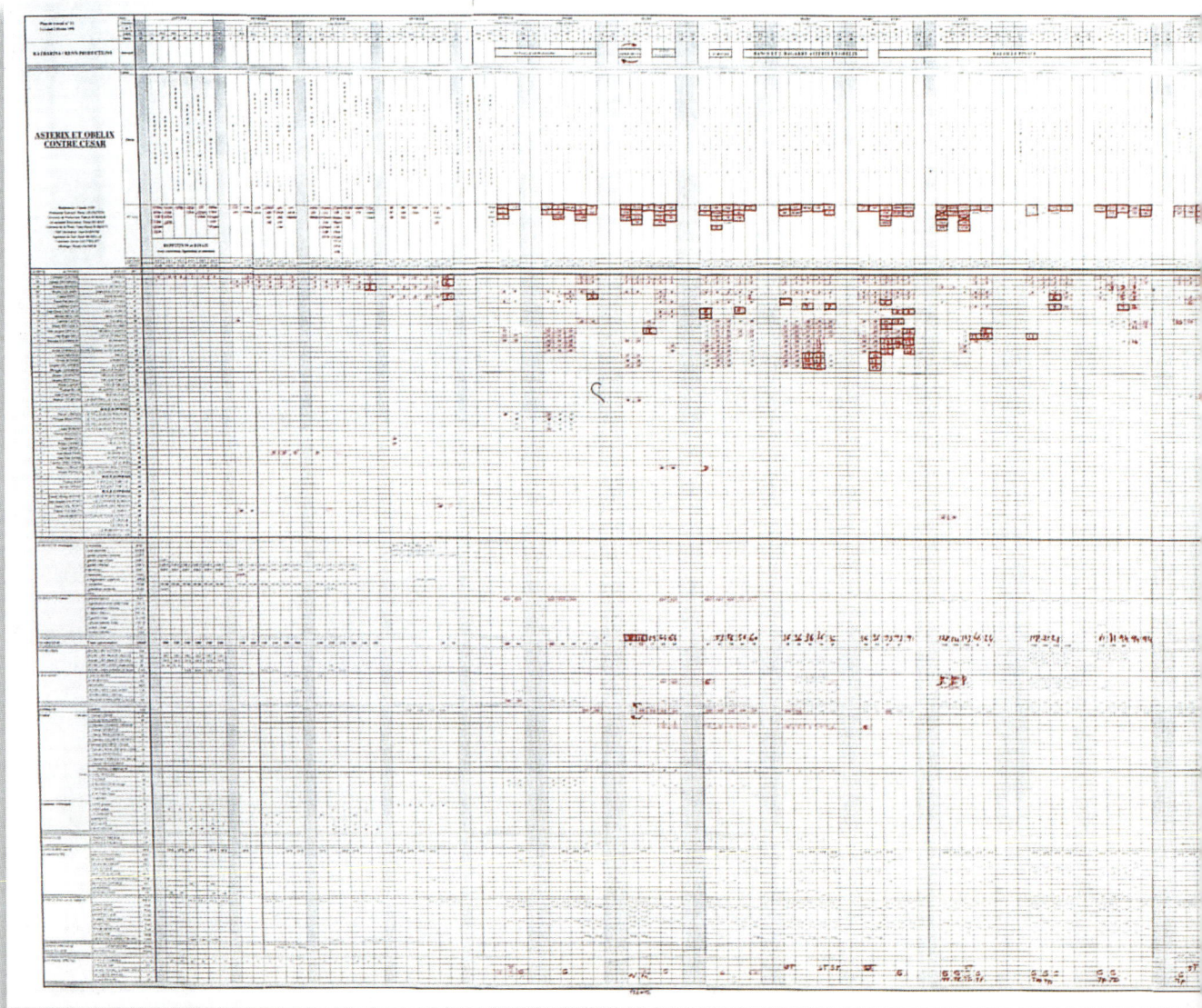

document sur la base des renseignements qu'ils recueillent n'étant pas des devins, et la réalité inventant chaque jour sa part d'imprévu, ces plans de travail ne sont pas gravés dans le marbre. Modestement, ils portent un numéro d'ordre et la date de leur élaboration. En décembre 1997, on en est déjà au plan numéro 5. On en sera au plan numéro 11 le 2 février, jour J du début de tournage.

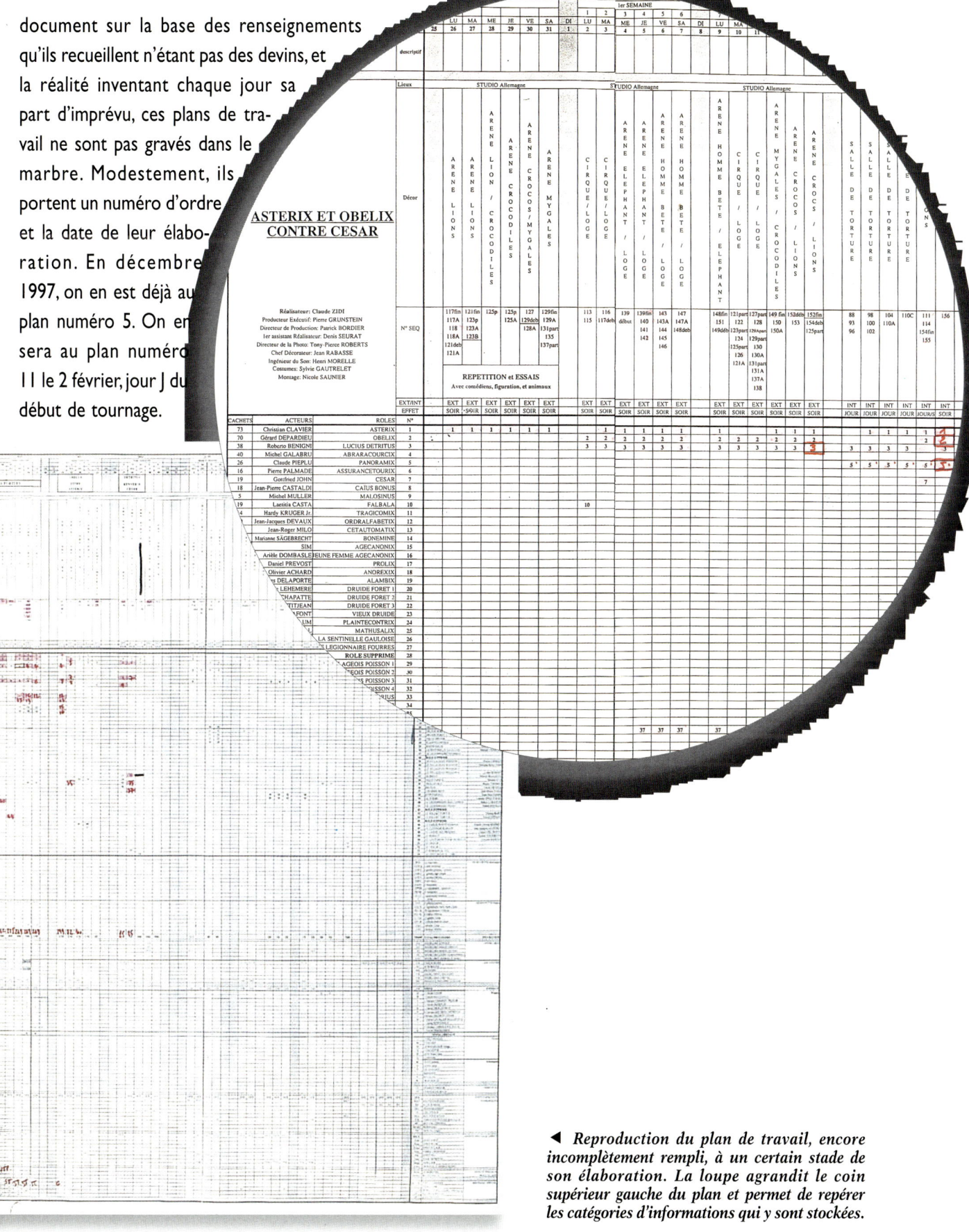

◀ *Reproduction du plan de travail, encore incomplètement rempli, à un certain stade de son élaboration. La loupe agrandit le coin supérieur gauche du plan et permet de repérer les catégories d'informations qui y sont stockées.*

Le dépouillement. Ce document explicite le précédent. Pour chaque journée de tournage, il rappelle le lieu, les plans tournés et énumère tout le personnel et matériel exigés pour ce travail : les dresseurs s'il y a des animaux, les armes s'il y a bataille, et en général tous les types d'accessoires, les aliments et les boissons s'il y a repas, les techniciens spécialisés (fumées, coups de feu…), les cascadeurs si des plans supposent qu'on y ait recours, ou tel accessoire ou prothèse qui n'est pas d'usage courant. Le dépouillement indique également les mesures à prendre pour assurer les transports hors norme.

La Bible. Cet agenda à couverture jaune contient un condensé du plan de travail, une liste des membres de l'équipe de production, avec leur titre, leur adresse, les téléphones de bureau et de portables (182 personnes), la liste des adresses utiles (administration, services médicaux, transport) ; la liste des 50 personnages principaux identifiés, le nom du comédien titulaire de chaque rôle, téléphone et adresse de leur agent ; les noms et adresses des 130 principaux fournisseurs identifiés, les itinéraires à suivre pour se rendre à chacun des trois lieux de tournage situés dans la région parisienne.

La Bible Duboi (du nom de la société chargée des effets spéciaux). Cet opuscule reprend la nomenclature des deux cents plans du film qui feront l'objet d'une intervention. Pour chacun de ces plans, la Bible reprend le dessin du plan figurant dans le story-board, décrit les images que la caméra doit enregistrer et définit le procédé de truquage qui leur sera appliqué. Par exemple, la scène 139 du scénario (et du story-board) prévoit qu'un éléphant enlève Astérix et le jette au sol, lève la patte et le roule au sol avant de l'écraser. La Bible Duboi prévoit : 1. une prise de vue du décor vide. 2. Une prise de vue de l'éléphant dressant sa patte et l'agitant à quelques centimètres du sol (sans personne dessous). 3. Une prise de vue d'Astérix se roulant au sol

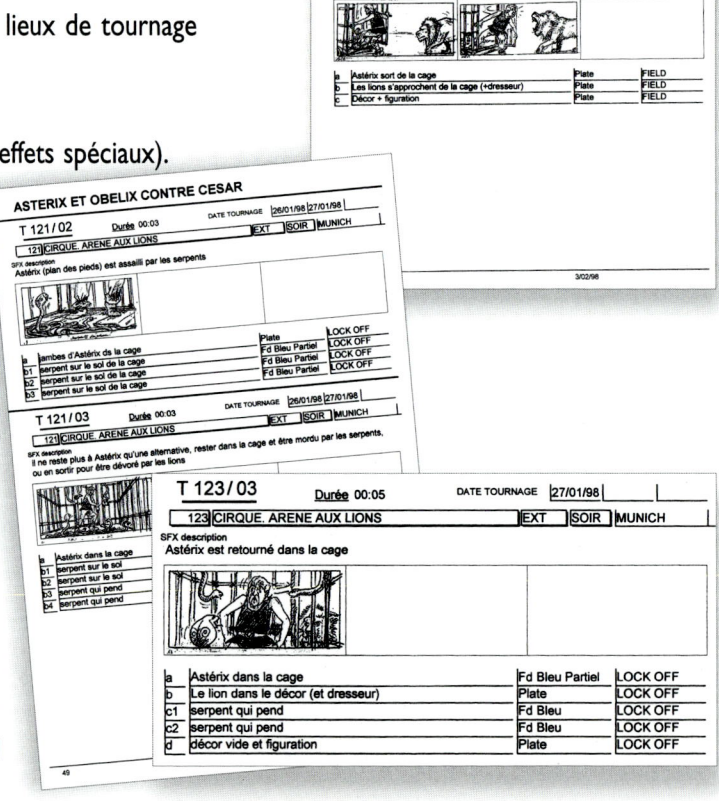

(sans éléphant). Le truquage réunira ces trois images pour obtenir le plan prévu au scénario.

L'effort considérable d'organisation et de prévision nécessaire pour établir ces documents va permettre d'aborder le tournage dans un état de préparation très rassurant. Ainsi fonctionne le mécanisme de base de l'organisation d'une production de haut niveau : accepter d'affronter des difficultés majeures, des défis à la logique et au bon sens, éplucher les problèmes feuille à feuille, diviser ces problèmes en autant de parties qu'il faut, les soumettre à des unités les plus diversifiées de compétences jusqu'à ce que le plus fou devienne le plus raisonnable. Bibles en main, l'équipe du film pourrait reprendre la fameuse réflexion de René Clair :

" *Une fois écrit, le film est fini. Il n'y a plus qu'à le tourner.* "

Ce n'est pas tout à fait faux. Mais ce n'est pas tout à fait vrai...

◀ *Dans la page de gauche : une feuille de dépouillement, deux pages du scénario, trois pages de la Bible Duboi, ces trois documents concernant les séquences 121 à 123 (Astérix avec les serpents et les lions).*

▼ *Ci-dessous : planning terminé, le tournage va pouvoir commencer. Le décor du cirque, construction terminée, lumières réglées, bassin aux crocodiles chauffé, figurants en place, est prêt à fonctionner.*
2 février 1998 : moteur !

La réalisation

Toute la phase de préparation et de prévision est maintenant achevée. Avant que le tournage proprement dit ne commence, beaucoup de travaux, de « réalisations » sont en cours. Les trois décors principaux sont en construction. Des essais sont tournés avec les premiers modèles de costumes et la recherche se poursuit. Les comédiens s'impliquent dans ces personnages déjà célèbres à qui ils vont prêter vie. Avec les responsables des costumes, du maquillage, des accessoires, ils cherchent leur nouvelle tête, leur nouvelle tenue de scène, les attributs qui leur permettront d'endosser leur nouvelle identité sans dérouter les familiers de la BD. Avant d'en venir au tournage, il convient de faire un point sur ces instruments fondamentaux (décor, costume, maquillage) qui vont jouer un rôle si important dans les images.

▼ *Le grand œuvre, sur le plan décor, c'est la conception et la construction du village d'Astérix. Pierre, bois et chaume sont les matériaux principaux. L'idée de base, c'est que les maisons se touchent, s'entassent, se chevauchent.*

Planter le décor

L'installation du principal décor, celui du village, a commencé par des travaux de terrassement. En effet, cette idée de faire un village avec des maisons qui s'agglomèrent et partiellement se chevauchent, implantées sur un terrain en relief, fait que du point le plus bas du sol au toit le plus élevé, on compte une hauteur de douze mètres. Ce qui mettrait la partie haute du décor trop près des projecteurs suspendus aux portiques qui couvrent le plafond. Il faut donc trouver de la hauteur… dans la profondeur, en retirant quelques tonnes de terre pour abaisser le niveau du sol. Après quoi le site est construit et aménagé. Faisons un dernier tour du propriétaire avec le chef de chantier.

Jean Rabasse

Construire un village posait des problèmes d'architecture. Mais cela posait aussi des problèmes de couleurs. Le problème de la gamme des couleurs était important pour Claude Zidi : de cela dépendait l'image de son film. Pour moi, il a toujours été évident que la couleur devait partir de la réalité des matériaux. Après, on ferait une transposition. Mais il fallait d'abord

▼ *Première esquisse d'une maison du village. La nature, la couleur des matériaux vont influencer directement la gamme des couleurs du film.*

▶ *Les détails qui font vivre un décor : un jouet d'enfant, un étal de boulanger, la qualité des accessoires, dessinés et fabriqués un à un.*

trouver de vraies matières : quelle qualité de pierre employer ? Fallait-il travailler avec du torchis ? Avec quel type de bois ? Des vieux chênes, des structures de charpentes avec des arbres et leur écorce ? Il serait toujours temps de sublimer ou pas la couleur. Je savais que Zidi voulait que l'on mette beaucoup de couleurs, et je savais aussi qu'il fallait faire attention de ne pas tomber dans le kitsch. Il fallait que la couleur soit visible mais justifiée. Peu à peu une série de couleurs ont été rajoutées les unes aux autres, et je trouve qu'on les sent toutes, ces couleurs, sans choquer personne. Quand les maisons ont été construites, on aurait aimé les aménager. On avait plein d'idées, on aurait pu tout inventer, à mi-chemin entre le premier siècle avant Jésus-Christ et aujourd'hui. Imaginer une salle de bains à la gauloise aurait été un grand plaisir. Mais il n'y avait ni le temps, ni la place, ni surtout l'utilité. Nous n'avons aménagé en fait que la maison d'Abraracourcix, et encore, uniquement la pièce principale, et aussi le domicile de Panoramix : dans une grotte. Par contre, nous avons fait des efforts pour personnaliser les maisons, différentes dans l'architecture, et portant les signes distinctifs de ceux qui y habitent : des outils de travail qui indiquent un métier, un bout de jardin, des animaux domestiques, un pignon décoratif, du linge qui sèche, afin que tout cela vive, soit habité. Un gros travail tout à fait inhabituel a été fait par Véronique Mélery sur les accessoires. Tout a été dessiné, fabriqué pour le film, les tables, les chaises, etc. C'est un véritable atelier de création qui a choisi les essences de bois, décidé de garder l'écorce de chêne

▶ *Quand tout sera en place, les chemins qui serpentent vers la forêt, les laines teintes qui sèchent, les instruments aratoires, les animaux de la ferme, et, enfin, les villageois au travail, on oublie projecteurs et caméras, on n'attend plus qu'Astérix et Obélix.*

ou de bouleau, imaginé ces rideaux à fleurs ou à petites perles, tous ces petits détails étonnants qui font vivre un décor.

Sur les ruisseaux nous avons installé des petits ponts, tous différents. Les premières portes que nous avons fabriquées correspondaient au plan, mais on n'y croyait pas : la réalité des matériaux trahissait la poésie que nous avons mise dans le dessin. Il a fallu plusieurs essais pour trouver le bon équilibre entre matières et assemblages.

Chaque menuisier, chaque staffeur, chaque peintre était responsable de son intervention et inventait son bout de solution. Cette création collective s'est révélée payante. 〞

Ainsi le village d'*Astérix et Obélix* se construit et prend vie. Deux éléments essentiels manquent encore pour lui donner tout son sens : son centre et sa périphérie. Mettre un village dans un hangar, c'est très bien, mais que se passe-t-il quand on en sort ? Plantée devant une maison, la caméra aperçoit ce qu'il y a derrière. Elle ne peut pas montrer le mur du studio. Claude Zidi, et le cadreur, Yves Agostini, veulent qu'il y ait de l'air, des ouvertures sur le ciel, en liaison avec la belle lumière qui tombe des cintres. C'est ainsi qu'a été peinte et installée une immense toile de 260 mètres de longueur, qui fait le tour intérieur des murs et encercle totalement le plateau. Cette toile va de bleus très soutenus à des bleus allégés, parfois traversés de traces blanchâtres d'un paysage de nuages. Ainsi les caméras, installées dans la cuvette du village, quel que soit le côté vers lequel elles se tournent, attrapent toujours un bout de ciel dans l'image. Ceci pour la périphérie.

Au centre, enfin, sur la place du village, doit s'élever l'arbre tutélaire autour duquel s'organisent les actes majeurs : les colères d'Abraracourcix, les banquets, les délibérations de la collectivité, et bien entendu les exploits vocaux du barde qui a élu domicile dans ses branches. Majestueux, envoûtant, le chêne central est à la fois présence de la nature au cœur de la ville, centre géométrique de l'action et symbole du village lui-même. Le soin pris à sa conception symbolise lui aussi la passion artisanale déployée pour que le décor remplisse au mieux ses fonctions pratiques, esthétiques et oniriques.

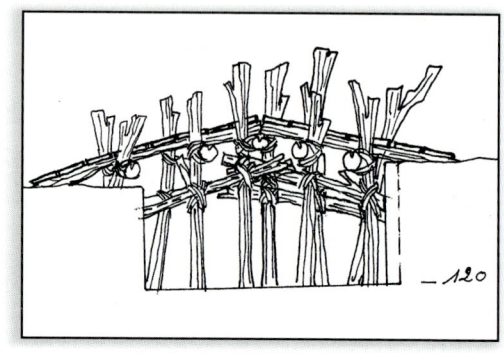

▲ *Chaque porte, chaque petit pont a fait l'objet d'un dessin différent, d'un assemblage différent.*

▶ *Collines, talus, sol en relief permettent de faire couler des ruisseaux et d'installer dans l'image le vert des feuillages et du gazon.*

▲ *Encerclant les 4 000 mètres carrés du studio, un cyclorama de 260 mètres de long réalisé par deux peintres dispense sa perspective bleutée. Le ciel ne menace plus de tomber sur la tête des Gaulois : il constitue l'environnement permanent du village.*

Au départ, Jean Rabasse a demandé à son sculpteur de réputation internationale, Francis Poirier, de sculpter un arbre en polystyrène dégageant beaucoup d'émotion et de personnalité. Ensuite a été construite une sculpture en métal, entièrement faite de tubes soudés, reproduisant le tronc de l'arbre et ses branches principales : un objet absolument extraordinaire que beaucoup de musées auraient pu se disputer. Dans la phase suivante, l'arbre en métal a été habillé avec la sculpture en polystyrène. Celle-ci a été ensuite recouverte d'une écorce en latex qui avait été moulée sur de vrais arbres. Ainsi était constituée la structure du chêne du village. Ensuite ont été installées les branches secondaires, puis le feuillage. Celui-ci est entièrement artificiel, en tissu, importé de Chine par quantités énormes. Toutes ces feuilles ont été coloriées et

◀ *Un des stades de la création du chêne central du décor. La structure métallique qui constitue le noyau de l'arbre a été recouverte par la sculpture en polystyrène de Francis Poirier.*

▶ *Les branches maîtresses, le renforcement du tronc, la mise en place des feuilles en tissu ont donné au chêne son ampleur et sa majesté. Un escalier conduit à la demeure du barde, au cœur de l'arbre.*

retravaillées par des peintres. Puis, elles ont été cousues sur l'arbre, une à une, pendant des mois. Chaque feuille a son orientation par rapport à celles qui l'entourent. Ce travail a été réalisé par des spécialistes d'espaces verts qui connaissent parfaitement l'organisation interne des arbres. Il s'agissait d'obtenir non seulement un arbre beau à regarder, et fonctionnellement utile, mais aussi un arbre crédible dont les réactions des branches et des feuilles au vent (des ventilateurs) soient le plus proche possible du réel. Les anciens compagnons artisans se devaient de réussir leur « chef-d'œuvre ». On peut dire que l'arbre du village est le chef-d'œuvre d'*Astérix et Obélix*, sur le plan des décors.

▲ *Désormais, au centre du décor, le chêne est devenu le lieu géométrique de la vie du village. Mais son implantation permet aussi que circule la technique du film. Dans le coin à gauche, on distingue les ventilateurs qui agitent le feuillage.*

Les costumes - Le maquillage

Nous avons vu que c'est un collaborateur de Philippe Decouflé, Guillotel, qui a dessiné, pour les essais de Daniel Auteuil, les costumes des deux héros. Parti sur cette piste, il semblait acquis que Guillotel prendrait la responsabilité des costumes sur le film et le costumier entama ses recherches en se maintenant au plus près de la BD. Mais il apparut bientôt que son engagement avec Decouflé occupait trop étroitement Guillotel pour qu'il puisse prendre en main le chantier des habits du film. Il fallait trouver une solution rapide. L'héritage serait inconfortable, compte tenu de l'urgence de la situation. Sylvie Gautrelet, l'épouse de Claude Berri, costumière expérimentée dont tout le monde a salué le talent et le travail exceptionnel (en qualité et quantité) fourni de *Jean de Florette* à *Germinal*, accepta le défi.

▼ *Première tâche : dessiner les costumes des principaux personnages en tenant compte des indications de la bande dessinée, des souhaits du metteur en scène, des demandes des comédiens concernés.*

▶ *Sylvie Gautrelet hérita tardivement d'un secteur essentiel : celui des costumes. Elle avait déjà assumé de vastes chantiers, de « Jean de Florette » à « Germinal ».*

ASTÉRIX

OBÉLIX

ASSURANCETOURIX

MME AGECANONIX

ABRARACOURCIX

DETRITUS

FALBALA

CÉSAR

▲ *L'atelier de couture installé à Ivry-sur-Seine. Plus de trente couturières y ont créé de toutes pièces la totalité des costumes utilisés pour le tournage.*

Sylvie Gautrelet

" *Pour des raisons diverses, le travail sur les costumes a commencé avec du retard : trois mois avant le tournage, au lieu des six mois qui auraient été souhaitables. Nous avons consulté, pour dessiner les costumes, aussi bien les documents historiques (assez imprécis) que les dessins d'Uderzo. Mais seulement à titre d'information, sans nous sentir tenus par une obligation de fidélité. L'essentiel était de s'adapter au style général du film voulu par Claude Zidi, à une intégration de l'esprit bande dessinée dans le réalisme du cinéma et de la comédie. Les premiers essais ont posé des problèmes : les couleurs étaient trop affirmées, trop violentes, trop sombres. On était menacé par le kitsch, l'opérette. D'essais en essais, nous avons teint et reteint les tissus pour aboutir à une gamme de couleurs beaucoup plus limitée, tenant compte des couleurs dominantes des matériaux utilisés pour la construction du décor (la pierre, le bois) et réservant aux costumes des personnages principaux de vraies couleurs dégradées des couleurs fondamentales.*

Un atelier a été installé à Ivry-sur-Seine. Plus de trente personnes y ont travaillé. Nous avons créé entièrement deux cents à deux cent cinquante costumes, tous différents, qui ont été réalisés intégralement dans

◀ *Plus de deux cents costumes sont sortis de l'atelier d'Ivry. Heureusement aucun n'était plus compliqué que l'extraordinaire création minérale et végétale prévue pour l'ancêtre Mathusalix. On voit ici la combinaison de caoutchouc sur laquelle sont cousus mousse, brindilles et coquillages.*

cet atelier : dessin, coupe, couture, teinture et reteinture par couches superposées de couleurs. En outre, nous avons fabriqué près de cinq cents costumes pour les figurants : soldats romains, villageois gaulois, druides, etc. Chaque costume était fabriqué à l'usage d'un figurant défini et devenait son uniforme de travail : il en était responsable. Les costumes terminés avaient naturellement l'air tout neufs. Il fallait ensuite les déchirer, les effilocher, en élimer les franges, casser le cuir et les tissus, repasser ceux-ci, les mouiller, les repasser à nouveau, les rechiffonner, les reteindre, les patiner à chaud et à froid avec des râpes ou des limes jusqu'à ce que l'usure leur donne une allure authentique. On a fait des corsets que les femmes portent sous leurs habits pour qu'elles aient une belle prestance et pour faire remonter leurs seins. Un personnage, Mathusalix, vieux de plusieurs centaines d'années, a nécessité le costume le plus compliqué. Il s'agissait de montrer que, à son très grand âge, il relevait déjà du règne végétal et minéral. Nous lui avons taillé sur mesure une combinaison de caoutchouc sur laquelle nous avons fixé une sorte de « tissu de la nature », en y collant de la mousse, des

▼ *Le propre d'un couturier est de présenter des habits neufs. Mais pour le couturier d'une collection cinéma, le neuf est l'ennemi du bien. Surtout sur Astérix où l'usure est la règle ; rude travail que d'élimer et effranger ce qu'on vient de créer...*

◄ *La vie d'un studio où se tourne un « film d'époque » devient vite un festival d'anachronismes. Mais l'équipe, blasée, ne remarque même plus ce légionnaire romain en quête de rafraîchissement.*

▲ *La recherche de la bonne couleur, pas seulement la belle, mais la juste couleur, voilà le grand souci. L'atelier de couture est aussi un atelier de teinturerie : les essais et les échantillons s'accumulent.*

brindilles, de la paille, des coquilles d'huîtres, de moules et d'autres coquillages, des champignons, des pommes de terre, des herbes, des plumes d'oiseaux, etc. Jusqu'à la finition complète du film, nous étions inquiets, parce que, à tous les stades, les lumières, les tirages, les étalonnages, les effets spéciaux modifient les couleurs et peuvent remettre en cause l'équilibre auquel nous sommes parvenus. Mais tout se passe bien. 〞

▶ *La tenue de Mathusalix achevée. Pour le maquillage de Jean-Yves Thual, la pose de la barbe et des autres éléments décoratifs du visage, il faut compter quatre heures et demie chaque matin de tournage.*

◀ *Pour tous les rôles importants, des masques et des bustes sont porteurs des perruques et postiches et précieusement mis à l'abri dès que les comédiens s'en séparent.*

Le département maquillage s'est installé lui aussi bien avant le début du tournage, car il y avait beaucoup d'acteurs et de figurants à traiter, beaucoup de postiches à créer et à fabriquer. On trouve dans ce secteur, à nouveau, la marque du haut standing de la production, car une quinzaine de personnes ont en permanence la charge du maquillage, des postiches et de la coiffure, l'équipe étant placée sous la direction d'un grand professionnel du cinéma européen dans sa spécialité. On trouve le nom de Giannetto De Rossi au générique du *Guépard* de Visconti, du *Cléopâtre* de Mankiewicz, du *1900* de Bertolucci, du *Casanova* de Fellini. De Rossi reconnaît ne s'intéresser qu'à un cinéma international de haut niveau, ce cinéma dont participe, à ses yeux, *Astérix et Obélix*.

Si costumes et maquillages sont deux activités différentes, elles affrontent toutes deux, sur ce film, un problème commun : aider chaque comédien à s'intégrer à un personnage préexistant et dont les signes distinctifs sont, d'avance, pour le public, des repères importants. Claude Zidi explique l'ambiguïté de la situation : « Les personnages de la BD ont accepté les costumes que leur a donnés Uderzo (on ne leur a pas demandé leur avis !). Maintenant, il faut que chaque comédien se fasse accepter par le public dans le costume d'un autre. C'est un moment délicat. »

Rien qu'à leur casque, n'importe quel lecteur d'*Astérix* (et ils sont légion) peut identifier Astérix, Obélix ou Abraracourcix. Pas question de s'autoriser trop de fantaisie dans les variantes, si certaines paraissent nécessaires. Même problème pour les postiches. La barbe de Panoramix fait l'objet d'une étude minutieuse. Sa longueur doit rester impressionnante. Mais sans gêner la marche et les évolutions du brave Claude Piéplu,

▲ *Rien qu'à leur casque, n'importe quel lecteur d'Astérix (et ils sont légion) peut identifier Astérix, Obélix ou Abraracourcix.*

parfois embarrassé par cet encombrant accessoire : au total, la séance de maquillage dure pour lui deux heures chaque matin. Les tresses d'Obélix donnent du fil à retordre au posticheur qui s'en arrache les cheveux : leur longueur, leur épaisseur, leur point d'attache, tout doit être réglé au millimètre. Giannetto De Rossi trace d'un crayon agile les plans de cette architecture capillaire. Avec une bonne paire de moustaches et le renfort d'un gros ventre en plastique, Obélix-Depardieu est jugé « bon pour le service ». La stature du comédien, l'innocence du personnage n'ont guère besoin d'autres maquillages. Toutefois, un détail encore : Depardieu a beau être grand et fort, on lui fabrique des sandales à cinq semelles pour le rendre encore plus imposant.

Le problème de l'image extérieure se pose différemment pour Astérix-Clavier. Obélix est d'un seul bloc, tel un menhir, et Depardieu est entré dans Obélix comme s'il l'avait toujours habité. Astérix est un personnage multiple, agité, aux traits moins précisément dessinés que beaucoup d'autres personnages de la BD. Clavier, de son côté, est un inquiet, un perfectionniste qui s'aide de la recherche du « look » d'Astérix pour mieux entrer dans la peau de celui-ci, avec l'assistance des maquilleurs qui lui sont attachés, Muriel Baurens et Dominique Colladant. Ainsi s'est fabriqué le costume d'Astérix (un premier essai avec un pantalon rouge en cuir fut refusé :

▼ *Panoramix (Claude Piéplu) est encombré d'une vaste barbe qui peut se révéler dangereuse quand sa pointe traîne dans les flammes du brasier de la potion magique.*

◄ *Giannetto De Rossi est un grand nom du cinéma européen dans son domaine du maquillage. On le voit ici procéder, en cours de tournage, à la consolidation d'une prothèse sur le visage du barde Assurancetourix (Pierre Palmade).*

81

Astérix avait l'air d'un motard) et s'est précisé un maquillage subtilement décliné des traits de la BD, et qui trouve sa touche décisive avec un nez postiche qui faisait dire à Tony Pierce-Roberts : « Quand Christian Clavier débarque le matin, il m'arrive de ne pas le saluer: sans son nez, je ne le reconnais pas ». Ce que Tony appelle « son nez », c'est évidemment le nez d'Astérix. Les nez ont beaucoup fait parler dans les salles de maquillage. On se serait cru sur le tournage d'un *Cyrano*. De Rossi réussit un bel exploit en fabriquant un superbe postiche pour le nez de Gottfried John, de telle sorte que César retrouve son profil de médaille. Même en très gros plan, sous l'œil grossissant de la caméra, rien ne permet de soupçonner la prothèse. De quoi combler De Rossi dont l'ambition suprême est qu'on ne puisse détecter ses interventions… De même que Mathusalix-Jean-Yves Thual est le détenteur du costume le plus compliqué, il est l'objet du maquillage le plus long. Quatre heures et demie sont nécessaires chaque matin pour lui poser sur le visage les treize accessoires et postiches dont il est affublé.

On le comprend à ce simple énoncé, le travail de maquillage a deux aspects fort différents. La recherche initiale de la composition la meilleure possible de chaque personnage : c'est le travail de création, le plus excitant. Ensuite, ce sera la répétition quotidienne des mêmes gestes chaque jour pour mettre, enlever et remettre crèmes, poudre et postiches, en évitant que la routine altère la qualité de l'intervention et en s'adaptant à la psychologie de chaque comédien, pour l'aider à endurer

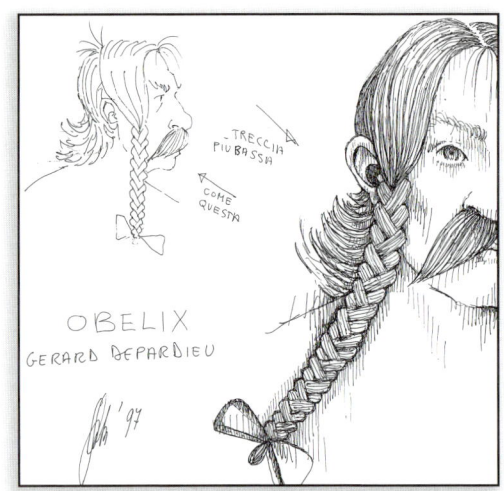

▲ *Chaque postiche fait l'objet d'une étude minutieuse et d'une « maquette » dont De Rossi vérifie la bonne exécution, ou la corrige, comme ici où il demande que la natte d'Obélix parte de plus bas.*

▶ *Astérix et Obélix face à face : on dirait l'illustration d'une fable de La Fontaine, « Le moustique et le menhir ». Astérix tout en nerf, en mouvement, Obélix placide et monumental.*

▲ *La longue cuillère n'est plus l'apanage du diable, mais du druide qui fait goûter la potion magique à un Astérix au nez corrigé.*

ce long préambule à toute journée de travail. Il peut arriver aussi qu'en cours de tournage quelque chose se dérègle dans l'ajustement d'un postiche. En attendant que l'accident soit réparé, Tony Pierce-Roberts veille au grain et atténue ses éclairages sur la zone « en dérangement ».

Le maquillage d'Astérix prend deux heures. Convoqué au studio pour midi « prêt à tourner », Christian Clavier est obligé de partir de chez lui entre 8 h 30 et 9 h pour une heure de voiture jusqu'au studio, deux heures pour se transformer en Astérix, et prendre un repas rapide avant que sa présence soit requise sur le plateau vers 12 h 15 ou 12 h 30. Tous les comédiens (excepté Depardieu qui semble prêt à tout instant à habiter Obélix comme Monte-Cristo ou Jean Valjean) insistent sur l'importance de cette phrase de la prise d'habit. Jean-Pierre Castaldi, par exemple, trouvait que son casque l'empêchait d'entrer dans son personnage de l'officier romain Caius Bonus. Il l'a fait revoir et rétrécir afin d'accroître l'aspect débile de l'abruti qu'il incarne, et alors, seulement, il s'est senti bien dans la peau de l'autre. Michel Galabru confirme : « Le costume, c'est une façon de penser. Il nous conduit au personnage. Le mien, Abraracourcix, me convenait très bien. Il a l'air un peu spécial, tonitruant. Mais une fois qu'on a revêtu ses habits, c'est un personnage comme un autre, car tout est théâtre et tout le monde fait son théâtre, même dans la vie. Et Abraracourcix le fait à sa manière. »

▲ *Une belle réussite pour Giannetto De Rossi que ce nez refait qui donne à Gottfried John le profil de médaille de César. Ainsi se réalise le vœu de De Rossi : rendre invisible son intervention.*

◄ *Jean-Pierre Castaldi a fait changer la configuration de son casque pour accroître l'air abruti de son personnage Caius Bonus. Une vraie réussite…*

◄ *Galabru s'est fait une tête, un corps, une tenue qui accroissent le poids (moral, social, hiérarchique) d'un personnage déjà fort pesant sur la balance. Il dit lui-même : « Le costume conduit au personnage. »*

Les comédiens

Ce passage par les départements des costumes et des postiches rejoint le trajet qu'effectue chaque comédien le matin en arrivant au studio. C'est à cette occasion qu'ils renouent tous avec l'identité d'emprunt qu'ils vont défendre toute la journée sous les projecteurs. Ainsi sommes-nous entrés en relation plus directe avec le groupe professionnel le moins concerné par la phase de préparation, mais qui devient le centre de l'attention dès que le tournage commence : les comédiens. L'usage du mot « star » n'est pas recommandé sur un plateau. Un jour qu'un journaliste l'appliquait à Gérard Depardieu en sa présence, celui-ci explosa : « Mais je ne suis pas une star, les stars sont des étoiles mortes. Moi, je suis vivant ! » Certes, le monde des comédiens est rigoureusement hiérarchisé : quel rapport entre le salaire d'une vedette et celui d'un troisième rôle ? Même si, sur le tournage d'*Astérix et Obélix*, tout le monde bénéficia d'un confort de travail et d'organisation sans doute inégalé, les différences de traitement subsistent, depuis les caravanes confortables avec toilettes, coin cuisine, coin repos, télévision des vedettes, et les lieux de repos plus collectifs des autres catégories de comédiens, jusqu'aux différences de facilités de transport ou à l'utilisation de « doublures » réservées aux interprètes plus importants.

C'est cependant un climat paisible qui règne généralement dans cette collectivité. C'était plus vrai encore sur *Astérix et Obélix*, où l'existence dans le scénario d'une collectivité soudée de plus de cinquante personne trouvait dans la vie une illustration naturelle. C'est aussi qu'aux deux

▲ *Un comédien difficile à trouver : le chien chargé d'interpréter Idéfix, animal sans race connue. Trois chiens se partagèrent la tâche.*

▼ *Dans la phase initiale, chacun cherche à approfondir son personnage. Parfois, on a recours aux textes d'origine pour s'éclaircir les idées, comme font ici Arielle Dombasle et Sim, avec Claude Zidi.*

leaders naturels, Astérix et Obélix, et au chef du village, Abraracourcix, s'agglomérait une troupe singulièrement marquante d'acteurs comiques ou de comédie, très expérimentée, et, dans les plus petits rôles, même chez les figurants, un collectif de comédiens expérimentés ou prometteurs. Beaucoup de figurants eux-mêmes étaient de jeunes comédiens ou des apprentis comédiens, moins passifs, plus dynamiques et créatifs que les hordes de figurants habituels. La sélection de tous ces emplois, figuration comprise, a d'ailleurs été établie sur la base d'une liste de caractéristiques définies permettant un échantillonnage de tous les types physiques et sociaux. Avec une attention très marquée à l'aspect général de chacun et à sa physionomie. D'où, sans doute, la plus belle collection de trognes en tous genres réunies dans le film ! C'est notamment auprès de cette collectivité du village gaulois que la chorégraphe, Véronique Defranoux, dont nous avons déjà signalé l'intervention, exerçait ses talents. Soit en entraînant cette population à des actes collectifs qu'elle allait devoir jouer devant la caméra un peu plus tard, soit en l'intéressant à des activités communautaires propres à développer la cohésion du groupe. Le fait que chacun des membres de ce vaste groupe dispose d'un costume individuel, dessiné et cousu spécialement pour lui et à sa taille, costume dont il assumait la responsabilité tout au long du tournage, n'était pas pour rien dans la responsabilisation marquée de chacun des membres de ce collectif. Si la discipline est la force principale des armées, l'esprit de responsabilité et de solidarité constituait sans nul doute la force principale des armées gauloises du maréchal Claude Zidi.

Toutefois, ce bel esprit communautaire ne peut entraîner d'impossible révolution : il y a bien dans *Astérix et Obélix* des rôles leaders, et ils sont tenus par les interprètes leaders. Avant de les visiter sur le plateau dans les différentes phases de leur travail, demandons-leur de nous donner leur point de vue général sur cette expérience.

▲ *La population du village forme un groupe cohérent, une communauté d'une cinquantaine de personnes dont une chorégraphe entretient la cohésion et organise la circulation.*

▼ *Un échantillonnage très large des types physiques a été recherché au moment de la sélection des figurants. Avec pour résultat, la constitution d'une superbe collection de trognes. Ici, Daniel Prévost (Prolix) et ses deux acolytes.*

◀ *Costaud, intrépide, inconscient, Obélix affronte sans peur tous les périls. Ce ne sont pas les ennemis qui le troublent, ce sont les sentiments. Et surtout le plus doux de tous : l'amour. Héroïque dans la bataille, Obélix panique devant la superbe Falbala : un « danger » qu'il ne sait pas comment aborder.*

Gérard Depardieu

❝ Astérix et Obélix a été ma bande dessinée préférée. Je détestais Tintin, peut-être pour son côté reporter fouille-merde. J'aimais bien Tarzan, Popeye et Tartine Mariolle, cette grand-mère qui avait une force herculéenne et qui défendait les petits et les pauvres. Mais il y avait chez Astérix et Obélix un esprit qui me séduisait, c'était intelligent, et puis c'était l'Histoire. J'ai toujours Vercingétorix qui me trotte dans la tête. J'ai eu le projet de lui consacrer un film. J'ai lu la Guerre des Gaules, j'ai discuté de ce projet avec Georges Duby. Il semble que ce soit trop difficile à monter. Mais Astérix n'est sans doute pas pour rien dans mon intérêt pour Vercingétorix. Goscinny et Uderzo ont renouvelé la bande dessinée en la faisant entrer dans l'Histoire. J'ai toujours de l'attirance pour les films d'époque et pour les personnages inscrits dans l'Histoire, mais plutôt racontés par des romanciers (comme Dumas) que par des historiens.

Mais je n'ai pas tourné Obélix pour jouer un film « historique ». Je n'ai pas de message à livrer, de mission à remplir. Je fais mon métier du mieux que je peux, le plus simplement possible, comme mon père faisait son métier de tôlier-formeur, avec ce qu'il y a en plus dans notre métier : le verbe, l'émotion, le sentiment, les choses qui nous dépassent, la lumière... et un certain espace à l'intérieur d'un cadre. Astérix, ce n'est pas un cadeau du ciel : c'est d'abord une lourde tâche à réussir. Mais que l'on peut faire pour le plaisir. Le plaisir de faire de nouvelles choses, le plaisir d'être avec des gens avec qui on aime marcher ensemble : Claude Berri, Claude Zidi, Christian Clavier. On dit quelquefois que je suis agaçant, démesuré. Mais, à sa manière, Claude Berri l'est autant que moi. Simplement : il est de la famille.

J'ai tourné aussi Astérix et Obélix par instinct, comme quelque chose qui fait partie des chemins que je croise à l'intérieur de moi-même. C'est comme si j'avais flairé la qualité du travail, la qualité des gens, la qualité humaine que j'allais trouver : il y a longtemps que je n'avais pas éprouvé une joie pareille sur un tournage. Et puis, il y a quelque chose de nouveau. Quand j'ai

commencé ce métier, il y avait des emplois : les valets de comédie, les jeunes premiers. Maintenant, ça a changé : on peut tout faire grâce certainement au cinéma des années 70, les Dustin Hoffman, les Italo-Américains qui ont cassé les tabous à la John Wayne ou à la Gary Cooper.

Aussi, il faut dire qu'Obélix, dans le superbe scénario de Claude Zidi, est un très beau rôle, très intéressant à jouer, parce que les difficultés sont en quelque sorte inversées. Par exemple, un moment fort du film, c'est quand Obélix soulève et renverse un éléphant. Il n'y a rien de plus facile à faire grâce aux effets spéciaux. Sauf que « l'effet spécial » est, pour Obélix, un « effet normal ». Imbibé de potion magique, il exerce sa force en toute innocence. Le truquage technique se contente de traduire la réalité du pouvoir athlétique d'Obélix. Donc, l'acteur qui le joue n'a pas à jouer un effort spécialement violent. Pour lui, soulever un éléphant, c'est l'enfance de l'art. D'ailleurs, dans la vie, cela nous arrive de soulever des éléphants. Faire comprendre quelque chose à un con, c'est tout aussi difficile. Le paradoxe de la situation, avec Obélix, c'est que ce sont les moments de faiblesse qui sont les plus délicats à jouer. Il faut faire oublier la force, en gardant la naïveté. J'ai beaucoup aimé l'histoire d'amour entre Obélix et Falbala. C'est difficile pour lui de supporter son état d'amoureux et l'espèce de faiblesse qu'il entraîne. C'est très beau, ce déséquilibre, ces petites failles où se glisse l'émotion. J'étais « une force de la nature », je redeviens un homme comme les autres. Et le boulot du comédien consiste à le garder sympathique, toujours drôle, mais en même temps émouvant. Et cette fois, il n'y a plus de baguette ni de potion magique. Il me restait, il est vrai, le renfort du gros ventre postiche qui faisait partie de la panoplie d'Obélix. J'aurais pu, parodiant Laurence Olivier, demander : « Donnez-moi un gros ventre, ce sera ça de moins à jouer ! » Mais, amoureux, Obélix ne prend pas de ventre, il en perd. Ses chagrins d'amour lui font perdre l'appétit, il ne mange plus que deux sangliers par jour au lieu des trois auxquels il était habitué.

Est-ce qu'on risque « d'en faire trop » ? Mais selon quelle balance ? Moi, je ne calcule pas. Je suis mauvais en calcul. Je fais ce qui m'allume. Sans peur de me brûler. De toute façon, nous sommes là aux frontières de la caricature : c'est le territoire de la bande dessinée. C'est le territoire du comique. Le comique, c'est une pensée rapide qui fonctionne comme un image accélérée jusqu'à la limite de la caricature. Il ne supporte ni une erreur de tempo ni une erreur de caractère. C'est extraordinaire mais douloureux à vivre. Il faut des grands professionnels, des virtuoses pour réussir cela. Christian Clavier a cette force, cette vitesse, ce désespoir du comique. Moi, je peux jouer la comédie parce que je suis entraîné à tout, c'est-à-dire à rien,

▲ *Drogué, Astérix se lance contre Obélix qu'il prend pour César. Mais l'affrontement entre les deux hommes tourne court. L'affrontement entre les deux comédiens n'a jamais eu lieu. Ils jouent très librement ensemble, dans des registres différents. « Christian est un comique, moi je suis l'ouvrier du spectacle » conclut sobrement Gérard Depardieu.*

▼ *« Interpréter des personnages aussi célèbres pose un problème. Il faut à la fois retrouver l'aspect général, physique et moral, du personnage de la BD, et en donner notre propre interprétation. » Un problème que Christian Clavier a vite résolu.*

et que ma gymnastique, ma souplesse du métier me permettent de jouer à 200 à l'heure. Mais je ne suis pas vraiment un acteur comique. Roberto Benigni, par exemple, a l'instinct de la caricature. C'est à la fois un clown de cirque et un acteur poétique doué d'une vision du monde comme il le démontre dans La vie est belle. *Christian est un comique, Roberto est un poète, moi, je suis l'ouvrier du spectacle.* 🙶

Christian Clavier

🙸 *J'appartiens à une génération pour laquelle la bande dessinée a énormément compté. Je lis toujours beaucoup de bandes dessinées dont j'ai une énorme collection. La BD m'a marqué, elle fait partie de ma culture, de mon éducation. Et j'étais évidemment un fan d'Astérix et Obélix.*
Ce n'est pas pour autant que je me serais jeté à corps perdu dans un film tiré d'une bande dessinée. J'en ai déjà fait un ailleurs, il y a longtemps, le premier film tiré d'une BD de Gérard Lauzier qui s'appelait La Course du rat, *film réalisé par François Leterrier sous le titre* Je vais craquer. *Le film avait eu du succès.*
Mais cette BD n'était pas aussi célèbre qu'Astérix et Obélix. Interpréter des personnages aussi célèbres pose un problème. Il faut à la fois retrouver l'aspect général, physique et moral du personnage de la BD, et en donner notre propre interprétation. C'est pourquoi j'ai fait deux mois d'essais pour trouver la tête qui me convenait. Je pars du principe que l'habit fait le moine. A partir du moment où vous avez fixé son apparence, son costume, vous avez ouvert la petite porte intérieure qui va vous permettre d'interpréter le personnage. Il y a un moment où vous vous regardez dans la glace et vous avez le regard du personnage. Là, c'est que c'est réussi. C'est dû à la fois au costume, au maquillage, à l'interprétation, et à ce que vous avez déclenché dans votre tête pour arriver à représenter le personnage. C'est une alchimie bizarre où tous les ingrédients jouent. Dans quelles proportions, je n'en sais rien. Il y a un moment où ça se fait... un moment où vous dites : « Ça y est, je le prends ». Il vaut mieux que ce soit le premier jour de tournage, mais parfois ça peut prendre un peu plus de temps.
Reste l'éternel débat : est-ce que les acteurs comiques jouent différemment ? Non, je ne crois pas. Je crois qu'il y a un jeu sincère. Les situations sont comiques, pas les personnages. Les personnages ont leurs défauts qui sont parfois extraordinairement exacerbés dans certaines situations, mais ils sont d'une sincérité absolue dans ces situations-là. Je ne joue ni comique, ni tragique : je joue. Ce qu'on peut dire, c'est que, souvent, le comique exige de vous une énergie, un rythme, un investissement physique plus grands que d'autres genres. Par exemple, j'ai joué au théâtre La Dame de chez Maxim's *et* Le Fil à la patte, *deux pièces de Feydeau : c'était génial, mais c'était épuisant.*

▼ « *Je ne joue ni comique, ni tragique : je joue. Ce qu'on peut dire, c'est que souvent le comique exige de vous une énergie, un rythme, un investissement physique plus grands que d'autres genres.* » *C'est vrai, mais Christian Clavier est un athlète du rire.*

Je me souviens que dans La Dame de chez Maxim's, on entrait en scène à 9 h moins 20 et on saluait à minuit, et cela pendant un an. Ça vous muscle, ça vous fait énormément progresser et Astérix a dû profiter, à sa manière, des leçons de Feydeau (et de Pierre Mondy qui m'a appris à le jouer). Car si Obélix est un champion de l'effort musculaire, Astérix, qui est son « guide éclairé », son mentor, fait preuve d'une énergie, d'une vigilance, d'un constant esprit d'initiative qui obligent à rester toujours sur la brèche. C'est qu'Astérix incarne avec humour, gentillesse mais ironie bien des aspects du caractère français, avec ses côtés charmants et une certaine arrogance qui peut être horripilante. Fidèle au caractère français, Astérix est très créatif, très inventif, très réactif, individualiste, frondeur, et donc sympathique mais parfois agaçant. Il ne faut pas s'endormir pour essayer d'exprimer tout cela. De toute façon, les films comiques offrent rarement des rôles de tout repos !

Le tournage avec effets spéciaux est particulier, et c'est très excitant. Il faut beaucoup imaginer dans sa tête ce que ça devrait rendre. Je dis bien « ce que ça devrait », parce qu'on ne sait exactement ce que ça va rendre que long-temps après. Moi, je trouve ça magnifique, ces effets spéciaux, quand ils servent des histoires. Ce sont des avancées technologiques qui permettent à l'imagination des créateurs de s'exprimer davantage.

Pas de gêne, donc, avec les effets spéciaux, mais une aide véritable venue des décors. Ils sont vraiment très réalistes et en même temps très inventifs. C'était un vrai pari, celui de Claude Zidi et de son décorateur, Jean Rabasse. Je trouve cela magnifique, cela donne un charme, une poésie inattendus. La BD n'est pas trahie mais, de toute évidence, nous sommes au cinéma, et même au cinéma à grand spectacle. J'ai vraiment eu l'impression de faire un péplum ! 🙶

▼ *Assurancetourix (Pierre Palmade) infligeant à Astérix (Christian Clavier) la torture de son chant. Hurlements, mimiques, tout le visage, tout le corps jouent à fond. Ce ne sont pas là des rôles de tout repos.*

▼ *Astérix (et pour lui Christian Clavier) incarnent avec humour, gentillesse, et ironie bien des aspects du caractère français avec ses côtés charmants et une certaine arrogance qui peut être horripilante.*

Roberto Benigni

" Ce film, cela a été le bonheur. Le bonheur de jouer ce salaud de Detritus, ce qui me changeait des bons petits diables que je joue d'habitude. J'ai commencé à le jouer durement, en vrai méchant, puis j'ai pensé qu'on pouvait le faire aussi avec sympathie et une certaine innocence. Depardieu m'a encouragé dans cette voie. Il est très généreux. Il m'a beaucoup aidé. Pour lui, jouer, c'est un don du ciel. Il a la grâce. Je crois qu'il a changé quelque chose dans le métier d'acteur. Au cinéma, il y a l'avant-Depardieu et l'après-Depardieu. C'est, évidemment, un Obélix-né ! Christian Clavier m'a épaté dans le rôle d'Astérix. C'est un comédien très perfectionniste. Il m'avait beaucoup intéressé dans Les Visiteurs où il faisait des choses très difficiles. Il déploie beaucoup d'énergie, il est très pugnace, mais derrière cela, il a un côté très doux que j'aime beaucoup. J'ai eu peu de scènes avec lui et je le regrette. Mais nous avons envisagé de faire un jour quelque chose ensemble.

Enfin, une partie du bonheur d'Astérix est venu de la découverte, pour moi, de Claude Zidi. On ne se connaissait pas, mais il m'a fait comprendre tout de suite qu'il m'estimait, qu'il me faisait confiance. J'ai beaucoup appris de lui, de sa manière de raconter en images, de la façon dont il sépare banalité et simplicité. Et comment l'emplacement qu'il choisit pour la caméra est toujours le plus efficace pour la vision la plus directe de l'histoire. J'adore son caractère : son calme, sa gentillesse constante avec chacun, mais sans faiblesse, exerçant une autorité ferme avec un charisme fort. Avec lui, je me sentais vraiment « dirigé », et quand je fais l'acteur, c'est ce dont j'ai envie.

Un aspect particulier du film, c'était le rôle important des effets spéciaux. Ainsi, il m'est arrivé de haranguer une foule de soldats, mais aussi de parler dans le désert. Devant moi, il n'y avait rien ni personne.

C'est une image de synthèse qui doit créer mes interlocuteurs. J'aime ces moments-là. On touche là le domaine du rêve, l'imaginaire cinématographique. C'est formidable ! "

▶ *Ce film, cela a été le bonheur. Le bonheur de jouer ce salaud de Detritus, ce qui me changeait des bons petits diables que je joue d'habitude. J'ai commencé à le jouer durement, en vrai méchant, puis j'ai pensé qu'on pouvait le faire aussi avec sympathie et une certaine innocence.*

Le cordon est coupé

Les décors sont construits et les feuilles en tissu du chêne gaulois bruissent dans le vent des ventilos. Chacun endosse son nouveau costume teint et reteint, effrangé et effiloché. Bardés de leurs postiches qui leur agacent encore la peau, les principaux rôles s'échauffent dans leurs nouveaux atours. Au bout du bras articulé d'une énorme grue, une caméra monte dans l'espace magique du studio. *Astérix et Obélix* vont naître au cinéma. Merveilleuse consécration, mais aussi redoutable concurrence pour les personnages sortis de l'imagination de René Goscinny et du crayon d'Albert Uderzo. Certes, ils vont survivre à l'expérience et même en sortir grandis. C'est-à-dire différents. Uderzo a pris tout de suite conscience de cette inévitable mutation.

▼ *Sous la caméra, Claude Zidi surveille les premières interventions d'Astérix et Obélix. Deux personnages célèbres échappent à leurs créateurs : le cinéma se les approprie.*

Albert Uderzo

"J'ai été épaté par le scénario de Claude Zidi pour le film. Je l'ai lu pour m'assurer que l'aventure où on les lançait respectait mes personnages, mais je ne me suis mêlé de rien. Le cinéma est un métier spécifique, qui a ses propres règles. C'est d'ailleurs tout le problème, à la fois le risque et l'excitation de l'entreprise. Elle mélange deux univers, la fantaisie de la BD et le réalisme qu'impose la présence de comédiens reconnaissables, de chair et de sang. Comment le spectateur va-t-il entrer dans cet étrange cocktail ? Le talent de tout le monde, plus les effets spéciaux, devraient aboutir à une nouvelle dimension d'Astérix. Pour moi, quand je vois Astérix et Obélix interprétés par des « grosses pointures » comme Clavier et Depardieu, je reconnais nos créatures mais je sais que je ne suis plus maître du jeu."

▲ Nouvelle époque pour Astérix. Ce ne sont plus les traits de crayon d'Uderzo qui fixent son destin, mais, au micro, la voix de Claude Zidi.

Pour entrer au studio en plein travail et regarder nos héros commencer d'échapper à leurs créateurs, nous allons suivre le parcours d'un témoin qui vit cette aventure de l'extérieur, mais avec une attention passionnée. Anne Goscinny, fille (et orpheline) de René et Gilberte Goscinny, plus experte en grande littérature qu'en bande dessinée, mais concernée par le destin d'*Astérix et Obélix*, évoque comment elle a suivi cette affaire jusqu'à sa visite au studio.

Anne Goscinny

❝ *Lorsque Claude Berri m'a contactée, il y a deux ou trois ans, je ne sais plus très bien, il m'a fait une véritable danse de séduction. Je ne pense pas qu'un jour un producteur, ou tout simplement un homme, fasse autant d'efforts pour obtenir un accord de ma part !*

J'ai accepté de lui faire confiance grâce à son film Le Vieil Homme et l'enfant, *qu'à une époque je regardais en boucle, en étant particulièrement touchée par le moment où Charles Denner raconte à son fils l'histoire de Mickey tailleur qui ne voulait pas manger ses rutabagas. Sans doute cela faisait-il résonner en moi une image de mon père (lequel me racontait* Le Petit Chaperon rouge *avec l'accent yiddish de ma mère !).*

Claude aurait évidemment pu faire son film sans mon accord, la maison d'édition d'Albert Uderzo (Albert-René) détenant les droits dérivés et audio-visuels d'Astérix. Albert Uderzo possède 80% du capital, j'en possède 20%, il a donc la liberté d'agir comme il l'entend.

▼ *Anne Goscinny : « Petit à petit, les projecteurs se sont allumés, les figurants sont arrivés, le décor s'est mis à vivre. C'est quelque chose que je n'oublierai jamais. »*

Cependant, je détiens ce qu'on appelle le droit moral, inaliénable et incessible, qui ne s'exerce, hélas, qu'à posteriori. En d'autres termes : si je vais voir le film le jour de sa sortie et que je découvre des choses dans le scénario que j'estime ne pas être conformes à l'idée que je me fais de l'œuvre de mon père, j'ai les moyens juridiques de compromettre l'exploitation du film, en vertu de ce fameux droit moral. C'est d'ailleurs assez frustrant de n'avoir le droit d'intervenir que pour censurer.

Claude Berri, qui n'est pas un débutant, a pris les devants, en s'engageant à me montrer le scénario de Claude Zidi et les dialogues de Gérard Lauzier. Gérard Lauzier a, je crois, travaillé pour Pilote et a bien connu mon père. Cela m'a considérablement rassurée de savoir qu'il participait à cette aventure qui, grâce à sa présence, devenait plus familiale. J'ai donc lu scénario et dialogues. Honnêtement, c'est pour moi très difficile d'émettre un avis sur les dialogues à leur simple lecture. J'ai constaté qu'ils étaient bons, ce qui ne m'a pas surprise, parce que Gérard est un homme de talent. Mais j'ai pris conscience que lire un synopsis et des dialogues était un métier, et que, de toute évi-

dence, ce n'était pas le mien, en dépit de ma passion pour les livres (romans, récits, essais, biographies… et très peu de bandes dessinées !).

Ma mère, relayée par des amis qui avaient eu l'occasion de parler avec mon père d'adaptations en live de ses personnages, m'a souvent dit que mon père était défavorable à un projet comme celui-ci. Mais il ne faut pas oublier que mon père est mort il y a presque vingt et un ans, il n'a donc pas connu le développement formidable de tous les effets spéciaux dont nous sommes, à l'aube de l'an 2000, déjà pratiquement blasés. Claude Berri, lorsqu'il est venu me trouver, m'a parlé avec chaleur et passion de tous les moyens qu'il comptait mettre au service de ce film, faisant allusion notamment à ces fameux effets spéciaux. Je l'entends encore me dire : « Quand nous mettrons deux cents figurants pour jouer les Romains, à l'écran, vous en verrez vingt mille ! » Moi, je trouvais que deux cents, c'était déjà énorme !

J'imagine que mon père, devant tous les moyens mis en œuvre, aurait approuvé ce projet. Il avait eu, via Pierre Tchernia et grâce au film Le Viager, une expérience du cinéma. Ma mère m'a toujours dit que, s'il avait vécu plus longtemps, il serait devenu metteur en scène.

Au printemps dernier, je suis allée passer une demi-journée sur le tournage du film. Je suis arrivée à midi. Le décor était protégé par un immense cube blanc. Sincèrement, je ne me doutais pas de ce que j'allais trouver. Le plateau était éteint. Petit à petit, les projecteurs se sont allumés, les oies, les canards, les chèvres ont été amenés, les figurants sont arrivés, le décor s'est mis à vivre. C'est quelque chose que je n'oublierai jamais. Ce village qui n'était qu'un village de papier (pour reprendre Roland Barthes) existait subitement en trois dimensions. J'avais l'impression d'être Mary Poppins lorsqu'elle saute à pieds joints dans le dessin du trottoir ! Lorsque Claude Berri m'a dit que le film serait dédié à mon père, j'ai éprouvé une vraie joie. Je suis persuadée que les gens que nous avons aimés meurent vraiment si nous, les vivants, cessons de parler d'eux, d'évoquer leur mémoire. Grâce au geste de Claude, la mémoire de mon père a de très beaux jours devant elle.

J'ai pensé très fort à maman qui adorait tout ce qui était grandiose. Elle avait le sens de la fête et ce décor était une fête. Elle se serait évidemment liée d'amitié avec les auteurs et les techniciens.

Je vis ce film comme une grande chance, exactement comme j'ai vécu le fait qu'Uderzo continue l'aventure d'Astérix après la mort de mon père. J'ai perdu mon père quand j'avais neuf ans. Mais grâce au travail d'Albert Uderzo et à ce film, je suis très heureuse de me dire que le village a survécu à son créateur, les personnages ont une vie autonome. D'une certaine manière, Claude Berri les a aidés à couper le cordon ! 🙶

▲ L'œil à l'œilleton, Claude Zidi chevauche sa caméra montée sur pied mobile. Du plafond tombe une lumière de plusieurs milliers de kilowatts. Une nouvelle technologie, de nouveaux instruments s'emparent de nos ancêtres les Gaulois.

Cirque à Munich

▲ *Qui dit cirque dit fauves et clowns. On ne sera pas déçu avec le cirque romain, ses lions et crocodiles, et le coup d'état de Detritus-Benigni contre César. Sans oublier les mygales et les éléphants, et les exploits d'Astérix pour repousser tous les adversaires qu'on lui oppose.*

Nous avons souvent fait référence au studio de La Ferté-Alais et au décor du village gaulois. C'est en effet là que se déroule l'essentiel du film et que l'équipe passa le plus de temps. Il n'empêche que c'est au studio de Munich que fut donné le premier tour de manivelle, avec l'équipe rassemblée, le 2 février 1998. Pendant trois semaines, y furent tournées toutes les scènes du cirque romain. D'une certaine manière, on peut dire que le film commence à l'envers. Les séquences concernées sont destinées à la phase finale du film. Ce film franco-français s'ouvre en terre étrangère, avec le concours de 300 figurants allemands. Et Obélix, un des héros du camp gaulois, n'y apparaît qu'en uniforme romain : il se fait passer pour un centurion qui a aidé Detritus à se débarrasser de César (voir le scénario). De quoi y perdre son latin… Autre contradiction qui, elle, n'est pas anecdotique. L'idée de faire subir à Astérix des épreuves du type de celles auxquelles seront soumis les martyrs chrétiens un siècle plus tard est une des innovations les plus fortes du scénario de Claude Zidi.

Avant de conclure son film dans le ton poético-humoristique qui caractérise *Astérix*, Zidi a imaginé une très forte attraction spectaculaire et dramatique et a souhaité qu'elle reste chargée d'un certain réalisme, d'un vrai climat de violence qui ne donnerait que plus de poids aux exploits d'Astérix, rejoint ensuite par Obélix. De ce souhait est née l'idée d'un décor de piste de cirque aménagée pour que puissent intervenir — chacun dans sa zone — les animaux ou les monstres lâchés sur Astérix, mais qui, au lieu d'être entourée de gradins, comme il était d'usage, serait encerclée de grilles dressées tout au long desquelles hurlerait une foule fanatique. Sur des plans établis à Paris par Jean Rabasse et son équipe, l'équipe allemande de décoration des studios Bavaria Film a réalisé ce décor sauvage et impressionnant, aux accents

vaguement expressionnistes, oppressant dans sa dureté métallique et qui fait contraste avec la joliesse élégiaque du village des Gaulois.
La coopération entre Claude Zidi, son équipe et les techniciens allemands se déroule dans un excellent climat, et chacun rendra hommage à la compétence professionnelle de son partenaire. Il reste que ces conditions particulières de travail (compliquées par cette mauvaise habitude qu'ont les Allemands de parler davantage allemand que français !) ne sont pas les plus favorables à une première semaine de tournage où se rôde l'esprit d'équipe. Mais ce sont les dates de disponibilité des studios et donc des décors qui ont décidé de cette chronologie. Elle pouvait constituer un handicap : en moins d'une semaine, il est surmonté et c'est en bonne coopération européenne avec les Germains que les gentils Gaulois commencent à ridiculiser, pour le grand écran, les méchants Romains. De cette bonne entente, il a fallu d'ailleurs rendre public le spectacle dès le troisième jour de tournage, où le travail est interrompu vers 17 heures, au moment où on allait livrer Christian Clavier aux lions, pour livrer l'équipe du film aux lions de la presse allemande : une centaine de journalistes et les représentants de douze télévisions assistent à cette conférence de presse-réception impressionnante, donnée dans le décor du cirque romain. Claude Zidi, qui a épaté tout le monde les deux premiers jours par son calme et sa courtoise sérénité, surmonte paisiblement l'épreuve qu'on lui a imposée ce troisième jour : résolument introverti, il n'a jamais passé pour un champion de la communication. Christian Clavier, Gérard Depardieu, Roberto Benigni, Claude Berri, Albert Uderzo, qui a fait le voyage, sont largement interviewés, mais aussi Gottfried John et Marianne Sägebrecht dont les journalistes allemands connaissent bien le talent et la carrière : ils seront un peu délaissés pendant le tournage en France.
Si les séquences du cirque comportent des scènes de comédie « normales », c'est-à-dire dans le ton général d'Astérix, elles présentent deux aspects particuliers : la fréquence des plans consacrés aux effets spéciaux, et la présence importante d'animaux. En effet, Astérix doit affronter successivement des serpents, des crocodiles, des lions, des mygales, et un éléphant. Tous ces animaux font leur apparition réelle sur le plateau du cirque, en présence de leur dompteur, ou éleveur, ou gardien, ou cornac, et avec toutes les précautions nécessaires pour assurer la sécurité des humains comme des animaux eux-mêmes. Si les truquages permettent, dans certains cas, de multiplier le nombre

▲ *Gag intime pour Gérard Depardieu : au moment où sort « L'Homme au masque de fer » où il joue, il découvre un homme au masque de fer dans les geôles des Romains et libère César.*

▼ *Les grilles auxquelles sont suspendues des hordes de figurants hurleurs introduisent un authentique climat de violence qui donne du poids aux exploits d'Astérix et d'Obélix.*

▲ *La salle des tortures constitue l'antichambre du cirque romain. L'appareillage est à la fois terrifiant et raffiné. Bientôt, c'est Idéfix qui va affronter ce monstre de chaînes et de poulies...*

d'animaux agresseurs (c'est le cas pour les mygales), ou de faire tourner acteurs et animaux séparément dans quelques plans d'affrontement d'Astérix avec lions et éléphant, il n'en reste pas moins que toutes ces scènes sont compliquées à mettre en place, délicates et inconfortables à interpréter, dans des conditions de risque très réduit mais jamais totalement maîtrisé.

L'essentiel des effets spéciaux est réalisé sur image numérique, par ordinateur. Nous leur consacrons ci-après un chapitre spécial. Ce qui ne signifie pas que les images truquées sont fabriquées par l'ordinateur à partir de rien. Le plus souvent, l'ordinateur manipule, enrichit, assemble, détourne des images qui ont été tournées à cette fin. Nous avons déjà évoqué, à propos de la Bible Duboi, la réalisation du plan 139 avec prise de vues séparées d'un éléphant levant la patte sur un corps qui n'est pas là, et plus tard, d'Astérix se roulant au sol comme s'il était maltraité par la patte d'un éléphant qui n'est, lui aussi, pas là. Le truquage juxtaposera les deux images qui rendront leur effet. Encore faut-il que le tournage ait été effectué avec minutie, encore faut-il faire prendre à l'éléphant la bonne position dans le décor, lui faire effectuer les bons gestes de la patte, veiller à ce que Clavier se situe au sol à l'endroit exact où devrait se trouver la patte de l'éléphant, endroit signalé par une couverture sur laquelle Clavier se roule (dans le juste rythme), et qui sera effacée par l'ordinateur. Pendant ce temps, Claude Zidi et Tony Pierce-Roberts surveillent l'écran d'un moniteur sur lequel s'inscrit l'image filmée par la caméra et l'image tournée précédemment avec l'éléphant, avant de vérifier l'exactitude de la mise en place et du synchronisme des images. Toutes ces scènes imposent un travail extrêmement méticuleux qui suppose chez chaque participant des trésors de patience. (Astérix au cirque, ce n'est pas de tout repos.) Astérix et Obélix en sortent sains et saufs. Tout le monde reprend la route de la Gaule.

▼ *Il faut penser aussi au coup de pouce que viendront donner les effets spéciaux après le passage en ordinateur. Sous l'œil attentif de Claude Zidi, Christian Clavier règle avec SFX 001 une scène de manipulation de serpents.*

▶ *Après la violence des épreuves endurées au cirque romain, le tournage rejoint le décor du village gaulois, où règne un climat bucolique et enchanté.*

La fête au Village

Anne Goscinny se prenait pour Mary Poppins sautant dans un dessin du trottoir quand elle découvrit le studio d'*Astérix*. Tous ceux qui l'ont visité comprendront ce qu'elle a ressenti, car l'endroit dégageait une magie à laquelle nul n'échappait. Pour y accéder, il fallait d'abord, dans un décor champêtre d'Ile-de-France, repérer l'énorme cube argenté abritant le studio. Tout autour de ce bâtiment, à la fois rudimentaire et futuriste, un premier village s'est installé. A l'intérieur, le décor du film occupe tout l'espace disponible. Les services annexes se sont donc installés autour, dans des caravanes, des constructions provisoires, et sous des tentes : bureaux de production, régie, service des décors, des costumes, caravanes des vedettes, tentes des cantines et de multiples ateliers : peinture, menuiserie, couture et habillage, forge ou serrurerie, dépôts où entreposer matériel ou accessoires, centre d'horticulture où soigner les plantes utilisées dans le décor et conserver les tapis de gazon qui viendront remplacer les parties abîmées ou usées de la pelouse du village, etc. Un parking a été aménagé de l'autre côté de la route, car tout l'espace disponible autour du bâtiment du studio est requis par ce « village du Village ».

Le bâtiment comporte un certain nombre d'issues, mais il vaut mieux emprunter les deux principales qui ont été aménagées, car le cyclo qui suit la totalité du périmètre intérieur ne laisse passer les personnes et le matériel qu'à ces deux endroits. Dès qu'on pénètre dans le décor, on éprouve successivement trois chocs : l'intensité lumineuse tombant des cintres, la présence de la nature (arbres, herbes, plantes, chaume, eau qui coule), le poids du ciel qui ne risque pas de nous tomber sur la tête, vu qu'il court le long des murs où il impose sa beauté bleue. On avance parmi les maisons et on rencontre une population étrange où deux races cohabitent. D'une part, des hommes, femmes et enfants d'un autre temps, vêtus de laine écrue, bardés de cuir, paisibles et souriants, manipulant d'anciens instruments de travail, de pêche ou de chasse. D'autre part, des êtres tendus et pressés, jonglant avec des téléphones portables et des talkies-walkies, installant des rails, démêlant des réseaux de câbles, promenant au plafond des panneaux luminescents qui décident de l'aurore ou du crépuscule, glissant délicatement dans la main d'une énorme grue la masse d'une caméra déformée par ses prothèses technologiques. Le Passé et l'Avenir, la fée Nature et la fée Électricité mêlent ici leurs fluides, et l'enchantement est total. Pendant plus de deux mois (mars et avril 1998), on va travailler dur ici, et il y aura des moments difficiles. Et pourtant, quand on quittera la Ferté-Alais, il y aura un grand moment de nostalgie : au Village, on était heureux. Il faut dire qu'on y rencontre d'autres animaux qu'à Munich. Les mygales, lions, crocodiles et serpents ont laissé la place à des poules, des canards, des lapins, un dindon, 17 tourterelles, des chevaux, des vaches, des truies, des brebis et une chèvre. Cette dernière devait jouer dans la séquence du congrès des druides et fut à cette fin emmenée sur le tournage, en forêt de Fontainebleau, où elle s'égara. Les gardes forestiers la retrouvèrent huit jours plus tard. Les loups ne l'avaient pas mangée…

Pour connaître l'heure, pas celle de la réalité, mais celle de l'action dans le film, plutôt que de regarder sa montre, mieux vaut regarder le soleil : quelle lumière tombe du plafond, sur quelle partie du cyclo elle se dirige et de quelle couleur, blafarde au petit matin, ou rosée quand le soir approche. Les nuits, elles, sont lumineuses et bleutées, à la demande de Claude Zidi, moins soucieux de réalisme que de poésie, et qui veut qu'on ne perde rien des aventures nocturnes de ses héros. Puisqu'on a choisi le studio pour éviter le tournage « de nuit », profitons-en pour en faire des nuits à la carte… La lumière du « jour », produite par tous les projecteurs qu'on a réussi à rafler en Europe de l'Ouest, permet de produire des effets de soleil, mais aussi d'utiliser des jeux d'ombres, de montrer la matière des arbres, des maisons, des costumes. A son

▲ *Bucolique et enchanté, le village : c'est vrai. Mais aussi parking des technologies de l'image, garage du matériel électrique le plus sophistiqué, hangar du 21ᵉ siècle après Jésus-Christ.*

maximum, la lumière atteint l'énorme puissance de 3 500 kilowatts. Le style des lumières et des images est plus proche alors de celui des comédies musicales de Vincente Minnelli ou de Stanley Donen que de la BD, où les jeux d'éclairage ne sont guère pratiqués.

On a aussi choisi le studio pour éviter les inconvénients des intempéries. Alors, quand le scénario prévoit des orages, il faut introduire dans le décor pluie et vents artificiels. Profitant de l'occasion, on arrose le gazon. Celui-ci est sous haute surveillance quand l'équipe de prises de vues s'est installée trop longtemps à un endroit, avec ses chariots, ses travellings, ses trépieds pour projecteurs ou réflecteurs, avec la masse de l'ensemble caméra et l'espace moniteur de contrôle. Le sol est tassé, labouré, écorché, en dépit des soins pris. Les gazonniers de service s'empressent, dès que la place est libre, d'enrouler les bandes de gazon meurtries, pour qu'elles soient soignées et reconstituées, et les remplacent par des tapis d'herbes fraîches.

Quand Astérix et Obélix ont chassé l'escorte romaine et se sont emparés des coffres du trésor fiscal, un grand banquet célèbre l'événement. L'ensemble des villageois, et leur invité, le traître Prolix, prennent place autour d'une énorme table en U sous le chêne tutélaire. De temps en

▲ *Qui mieux que Bonemine (Marianne Sägebrecht) pourrait préparer les plantureux banquets de la bande d'Astérix et servir son seigneur et maître Abraracourcix (Michel Galabru) ?*

▼ *« Vous reprendrez bien un sanglier, cher Obélix ? » Mais Obélix a remplacé son creux à l'estomac par du vague à l'âme. Il ne rêve plus de chair fraîche mais des appas potelés de la belle Falbala.*

temps, la voix de stentor d'Abraracourcix profite de l'organe performant de Michel Galabru pour retentir dans la nuit. Les sangliers embrochés grillent sur les brasiers. En fait, ce sont des cochons de lait fournis par un excellent traiteur, de même que les poulets grillés que tout le monde dévore avec un plaisir qui n'est pas feint. Un jour (car le banquet a duré plusieurs jours), on a même servi un vrai sanglier. Depardieu a tenu à le manger tout entier. Il n'est pas certain que, question appétit, il y ait une différence considérable entre Obélix et son interprète.

L'organisation du banquet pose de nombreux problèmes. Il faut une quantité considérable de viande, fruits et légumes pour nourrir quarante comédiens pendant des heures et des heures. Car les changements de place de caméra et d'éclairage, le nombre de prises nécessaires pour les scènes de comédie qui accompagnent et ponctuent le repas prennent beaucoup de temps. Les mets, refroidis, sont défraîchis, il faut en apporter de nouveaux. Ce sont cinq journées entières de tournage qui auront été consacrées aux trois repas figurant dans le film.

Un autre problème est posé par les brasiers. Tout d'abord, à cause du danger d'incendie qui impose des précautions. Mais aussi pour d'autres raisons. Quand Panoramix tourne sa grande cuillère dans la marmite de potion magique, il est tout près du feu et sa longue barbe traîne très bas. Un jour, elle commença à s'enflammer. Ensuite, on préféra tourner en plan moyen (jusqu'à la poitrine), ce qui permettait de ramener prudemment le bas de sa barbe dans sa ceinture.

Ces scènes, très collectives, ou d'autres, très animées, la population du village, par exemple, partant en troupe à l'assaut des Romains, sont souvent tournées à plusieurs caméras, trois ou quatre, pour diversifier les angles de prise de vues et la grosseur des plans, du plan lointain au gros plan. D'une manière générale, les autres scènes sont à peu près toujours tournées à deux caméras. Après avoir réglé les lumières, Tony Pierce-Roberts laisse le cadreur Yves Agostini régler, l'œil à l'œilleton de la caméra, les contours exacts de l'image, sur les instructions de Claude Zidi. Pendant le tournage du plan, Tony fait le cadreur sur la seconde caméra, ou bien il suit l'image enregistrée sur le moniteur de contrôle d'où il perçoit mieux comment fonctionnent ses lumières, et, éventuellement, quelle modification apporter. Parfois, Claudi Zidi demande qu'à deux caméras pour le même plan, l'une enregistre l'image en plan général, l'autre en gros plan. Tony Pierce-Roberts vérifie si les lumières réglées pour le plan général n'ont pas d'inconvénient pour un gros plan qu'on éclaire d'habitude différemment. En cas de difficulté,

il propose à Zidi de prendre les deux plans en deux prises différentes, entre lesquelles il peut modifier son éclairage.

Les banquets gaulois sont surtout à base de sangliers. C'est pourtant une franche odeur de poisson qui régna au village : les cinq premiers jours de tournage furent consacrés à un grand classique d'*Astérix* — la rituelle bataille de poissons. Pour nourrir le combat, des centaines de kilos de poissons frais arrivent par camions de Rungis, et les joyeux compagnons d'Astérix se les lanceront au visage ou les utiliseront comme des matraques, tout au long de cet étrange ballet enregistré par les caméras de Claude Zidi, avec la photogénie d'un film de Visconti. Mais le soir, les places étaient chères dans les salles de douche. Et l'odeur persista plusieurs jours…

Quand les villageois qui n'occupent pas les rôles principaux ne sont pas requis par le tournage, la chorégraphe Véronique Defranoux les entraîne dans un coin du décor ou sur la prairie voisine pour leur proposer des jeux, des exercices d'ensemble de déplacements, de courses, de danse, accompagnés de mimiques et expressions diverses. Il ne s'agit pas de « répétitions » au sens théâtral du terme, mais plutôt d'entraînement au sens sportif, pour qu'ensuite les déambulations collectives du village acquièrent davantage de naturel, de cohésion, voire de grâce.

Sur le plateau, le centre névralgique, c'est la zone de tournage : le secteur exposé à une lumière spécialement étudiée pour le plan concerné où se sont rassemblés les caméras, les équipes image et son, et les comédiens impliqués dans la scène. Pierce-Roberts contrôle ses lumières, Agostini vérifie son cadrage et son assistant mesure une fois encore la distance entre l'objectif et le visage d'Astérix, pour faire son point. Claude Zidi donne des indications d'émotion et de gestes aux comédiens. Le ton est aimable, il suggère plus qu'il n'ordonne, car il sait que ses interprètes sont capables de l'étonner par leur constante invention. Mais la précision des indications ne laisse pas de doute : il y a de la fermeté dans cette courtoisie. Puis retentit le « Silence… Moteur… Action… » qui déclenche le tournage. Et soudain, sur les visages des comédiens, les yeux pétillent, le front se ride, les lèvres frémissent, les moustaches s'excitent, le cheveu se rebelle, un festival de mimiques pétarade sur toutes ces faces où enthousiasme, peur, rire, colère se succèdent comme des nuages filant dans le grand vent. C'est peut-être à ce moment-là que l'origine du film trouve sa plus claire traduction. La BD qui va vite, car elle utilise peu de texte, fait dire beaucoup aux expressions corporelles et aux jeux de physionomie des héros. Les acteurs du film, libérés par cette licence, donnent le maximum de leur

▲ *Sur le plateau d'Astérix et Obélix, chez les acteurs comme chez les figurants, jamais un regard vide, un visage éteint, mais en permanence, un festival de mimiques, un régal d'expressivité. Ils en font trop ? Mais qui pèse ? Qui mesure ?*

◄ *Les grands mouvements de groupe sont le plus souvent tournés à plusieurs caméras afin de saisir à la fois le mouvement d'ensemble, et tel ou tel épisode ponctuel de la scène.*

expressivité et proposent un véritable kaléidoscope de tous les signaux physiques que leur corps peut inventer. Il serait absurde de leur reprocher « d'en faire trop », risque lucidement assumé, alors que ce « trop » est précisément l'un des codes par lesquels le film se rattache à l'univers onirique et ludique de ses origines.

Ce jeu, visuel, des comédiens, la pellicule l'enregistre, l'écran nous le restituera. Il est aussi oral : quelles variations d'intonations à chaque prise ! Mais cette fois, il y aura déperdition : une grande partie du film sera ré-enregistrée plus tard, en auditorium. C'est que l'immense studio de La Ferté-Alais n'est pas insonorisé. Les parois renvoient un son métallique. De puissants ventilateurs sont nécessaires, pour la climatisation, et laissent entendre leur bruissement. Le son est enregistré, bien sûr, pour mémoire et par sécurité. Mais peu du son direct aura la perfection technique nécessaire pour être conservé.

Tandis que le tournage se poursuit, au bas de la grotte qui abrite Panoramix, partout ailleurs des gens se livrent à des activités des plus variées. Équipe technique, comédiens, figurants, ouvriers et employés des ateliers divers, 200 personnes peut-être auront travaillé aujourd'hui au studio. Mais le visiteur de passage a le sentiment que la moitié d'entre eux se tourne les pouces. Parfois c'est ce qu'ils font, en effet. Le film demande l'intervention de spécialistes dans les domaines les plus variés, mais pas tout le temps, et pas tout le monde en même temps. Dans les ateliers de peinture ou de serrurerie, les gens qui s'affairent préparent sans doute des éléments de décor ou des accessoires pour les prochains jours, tandis qu'aux ateliers de couture, on répare, après nettoyage, les costumes abîmés lors de la bataille de poissons de la veille. Les préposés à l'entretien du décor s'activent avant et après les heures de travail. La cantine est ouverte dès dix heures et jusqu'à quinze heures : une partie des habitués vient manger vers les onze heures-onze heures trente, avant le « prêt à tourner de midi », une autre partie termine son travail vers quinze heures. Le tournage est un croisement permanent de compétences, d'horaires, de responsabilités, de cultures : un décorateur, un peintre, un spécialiste des espaces verts ou de l'aménagement du territoire forment spontanément une commission interdisciplinaire pour

▲ Ce n'est pas quand ils se battent entre eux que les Gaulois sont les moins pugnaces. Au cri de ralliement de « Pas frais, mon poisson ! », ce sont de véritables batailles rangées qui se déclenchent.

▼ C'est sur une recette d'Astérix qu'on a fabriqué cet étonnant gâteau d'anniversaire : cent prisonniers romains avec une bougie sur le casque !

régler un problème strictement de cinéma. Ainsi va la vie au studio du Village. Un mot de plus sur la cantine de Jacques Grousset qui prépare tous les jours un buffet de plus de 30 hors-d'œuvre (huîtres incluses), deux plats chauds et un autre buffet de desserts. C'est un lieu convivial où s'entretient l'esprit communautaire, et où se mesure l'état d'esprit euphorique qui règne sur ce tournage. À la base d'un climat aussi exceptionnel, il y a le sentiment partagé par tous de participer à une de ces aventures excitantes et passionnées qui marquent une vie professionnelle. Claude Berri le constate avec plaisir mais sans surprise. « Ce qu'on appelle vraiment le cinéma, c'est-à-dire le cinéma populaire à grand spectacle, le CINEMA en lettres majuscules, motive fortement ceux qui y participent. J'ai trouvé cette passion sur la plupart des grandes aventures que j'ai vécues. Je ne vais pas comparer les films, ni les styles ou les talents d'un film comme *Tess* et d'un film comme *Astérix et Obélix*, mais au niveau de la motivation et de l'enthousiasme, c'est la même chose. On sait qu'on participe à un événement »

Mais ce Village enchanté, il va falloir le quitter pour rejoindre le décor du camp romain construit dans des prairies à Clairefontaine, dans les Yvelines, à quelques encablures du camp gaulois où Aimé Jacquet prépare l'équipe de France à la Coupe du monde de football. Une nostalgie de paradis perdu se répand dans l'équipe. Surtout quand arrivent les bulldozers qui, dès qu'on l'aura abandonné, vont faire voler en éclats le décor. Et de partout fuse la question : pourquoi ne pas le garder, ce village, en faire un parc de loisirs, l'ouvrir aux visiteurs, le maintenir en état pour un autre tournage ? Si *Astérix et Obélix* est un succès, on en fera peut-être une suite, autant garder le décor... Propos en l'air, sans consistance pratique ni économique. Pour le garder, il eût fallu qu'il soit conçu et construit à cette fin, en un lieu destiné à cet emploi. Comme Carthage, il doit être détruit.

Et si on fait un autre *Astérix et Obélix* ? Eh bien, on fera un autre village, qu'on aura rêvé autrement. C'est cela aussi, le cinéma : une réserve pour de nouveaux rêves.

▼ *Mais un jour, il faut se résigner à abandonner ce décor aux buldozers, le quitter après un dernier salut. Pas de doute, au Village, on a été heureux !*

107

Derniers éclats

Le 24 avril, dernier jour de tournage au Village, la vaste tente de la cantine est remplacée par une tente réduite avec seulement trois tables et une trentaine de chaises. Les éléments principaux, cuisine et tente centrale, sont installés à Clairefontaine où des équipes travaillent déjà. Lorsqu'on se lève après le dernier café, votre chaise disparaît immédiatement, déjà portée sur un camion : on déménage…

Le décor construit à Clairefontaine reconstitue le camp romain qui contrôle le village gaulois rebelle. C'est un vaste rectangle fortifié, cerné de murs et de barrières, s'appuyant sur huit tours carrées. C'est dans ce camp que sont censés se dérouler les jeux de cirque qui ont été tournés à Munich. Ce camp est installé sur un vaste terrain : des prairies s'étendent devant lui, et une forêt derrière. Les scènes à tourner sont, dans le camp, les scènes sous la tente de César et sous la tente de Detritus, quand se fomente, puis réussit, avec l'aide aveugle d'Obélix, le complot du traître, et, hors du camp, les scènes de batailles entre Romains et Gaulois.

Le terrain est un peu marécageux. Par malchance, durant la semaine qui a précédé le déménagement, le temps a été très pluvieux. Un gros travail est fourni pour assécher le sol, afin que l'armée romaine ne s'enfonce pas dans la boue. Ces ennuis météorologiques renforcent l'inquiétude de Tony Pierce-Roberts. Parfaitement comblé par le dispositif d'éclairage de La Ferté-Alais, où il a pu exercer le complet contrôle de ses lumières, il sait que l'attend maintenant un vrai challenge : jongler avec les réalités et variations de la lumière solaire pour obtenir des éclairages qui ne soient pas en rupture avec ceux du studio. Heureusement, le soleil revient en même temps que débarquent les légions romaines et brille chaque jour avec le fidèle éclat d'une batterie de projecteurs. Réussir ses raccords lumière n'est plus qu'une question de compétence. Claude Zidi et Tony sont rassurés…

Mais le tournage de Clairefontaine pose un autre problème de raccord, plus complexe. Dans l'histoire d'*Astérix*, et donc dans le film, village gaulois et camp romain sont supposés très proches. C'est pour surveiller les Gaulois que les Romains sont là.

▲ *Les Gaulois foncent à l'attaque des Romains et ce travelling suit leur mouvement. Leur course a commencé à 60 kilomètres de là, à la sortie du décor de La Ferté-Alais. Elle se poursuit sur le pré de Clairefontaine. Elle contribue à « raccorder » les deux décors.*

◀ *Installé à Clairefontaine, à quelques encablures des installations de l'équipe de France de football, le camp romain est ouvert en plein ciel et plein vent. Il devient plus difficile de régler les lumières.*

Quelques centaines de mètres seulement séparent les deux positions. De ses murs, le veilleur gaulois surveille le camp romain, et de sa tour de guet, le centurion contrôle le village gaulois. Mais ces deux sites supposés proches, et sans cesse sous le regard l'un de l'autre, étaient cinématographiquement implantés à 60 kilomètres de distance : aucune chance d'apercevoir La Ferté-Alais depuis les tours de guet de Clairefontaine. C'est pourtant ce qu'on doit voir à l'écran. Il faudra, pour y parvenir, quelques tours de magie. La plupart relèvent des effets spéciaux et nous y reviendrons. L'un d'entre eux relève de la prise de vues directe. On a fabriqué un morceau du rempart du village, interrompu par la barrière qui sert de porte. Ce fragment de décor, grandeur nature, est amené dans la prairie de Clairefontaine et placé en vue du camp romain. Quand le barde Assurancetourix a aperçu de son arbre les Romains partant à l'attaque, il a alerté le village et les habitants se précipitent vers la barrière pour aller à la rencontre de l'agresseur. Cette scène a été tournée en studio. Maintenant, on peut suivre les Gaulois de dos, qui franchissent la porte des remparts et trouvent devant eux un champ où déboule l'armée romaine, et derrière elle, bien visible, le camp. Les deux décors sont devenus « raccord ». Mais d'autres situations contraignent à des raccords plus sophistiqués. L'image numérique et l'ordinateur y pourvoiront.

▲ *Dans la disposition « en tortue », les soldats romains se barricadent derrière, ou sous une muraille de boucliers. En fait, des tubes en plastique portent les boucliers et libèrent les mouvements des soldats.*

Cette armée romaine qui attaque a pris sa formation « en tortue ». Dans chaque compagnie, bien groupée, chaque soldat utilise son bouclier pour s'intégrer dans un mur de boucliers qui, sur les quatre côtés du carré, et au-dessus, constituent une sorte de boîte impossible à ouvrir. Ainsi protégée, chaque compagnie court à l'assaut. Pour faciliter les mouvements des figurants, dans ces carrés, on les a débarrassés de leurs boucliers. Ceux qui formaient la carapace de la « tortue » étaient en réalité fixés sur une légère structure de tubes en plastique que portaient les soldats situés à la périphérie du carré. D'où une plus grande liberté d'évolution pour tous les autres. 300 figurants étaient requis pour cette scène, répartis en trois « tortues » d'une centaine de soldats. Le terrain où les « tortues » devaient évoluer était réparti en trois zones, qui furent filmées l'une après l'autre, et à chaque fois, les mêmes 300 hommes venaient se livrer à d'autres évolutions.

Ainsi, par un simple truquage optique remontant à Méliès, l'armée des figurants a pu tripler. De cette image triplée, l'ordinateur s'est ensuite emparé pour la décupler…

Ainsi la guerre gallo-romaine connaît-elle ses derniers soubresauts sur les prés de Clairefontaine, tandis qu'Astérix et Obélix font gicler les légionnaires hors des carapaces de leurs tortues. Personne n'y songe,

▶ *Laëtitia Casta se souviendra d'Astérix et Obélix: c'est sur le tournage du film qu'elle a fêté ses vingt ans (sur la photo : Falbala et son amoureux… dans le film).*

pendant le tournage d'*Astérix et Obélix*, mais pendant ce temps, le monde continue de tourner. Il va le manifester, pendant une semaine. Pour le meilleur. Et pour le pire.

Le 11 mai, c'est la liesse : Laëtitia Casta fête ses 20 ans. Devenue très jeune mannequin-vedette, sa beauté, sa simplicité, son naturel ont fait la conquête de tous sur un plateau où, pour sa première expérience cinématographique, elle apporte sa fraîcheur au rôle de Falbala. Bon anniversaire, Falbala-Laëtitia ! Deux jours plus tard, s'ouvre le Festival de Cannes, carrefour obligé du cinéma mondial. Cette année, le Festival rend hommage à quelques producteurs d'exception. Le 18 mai sera une journée Claude Berri. Des réunions professionnelles, une rétrospective des films réalisés ou produits par Claude Berri, un déjeuner d'hommage marquent l'événement. Le soir, les figures marquantes d'*Astérix et Obélix* (Zidi, Clavier, Depardieu, Grunstein et quelques autres) viennent rejoindre le producteur pour une montée des marches du Palais et la projection du film-culte de Berri, *Le Cinéma de Papa*, devant une salle où sont réunis 200 amis qui l'ont accompagné un bout de chemin à un moment ou à un autre. Discours, émotion, embrassades, et départ dans la nuit vers une somptueuse réception aux flambeaux qu'offre le président de Pathé, Jérôme Seydoux, dans sa propriété. Banquet, champagne, émotion. Au matin, l'équipe du film fera une brève apparition promotionnelle sur la Croisette, avant de rejoindre le tournage. Le dimanche 17, le Festival présente *La vie est belle*, écrit, réalisé et interprété par Roberto Benigni. Une ovation interminable suit la projection : en une soirée, Benigni devient une célébrité. Il remportera un Grand Prix quelques jours plus tard. *Astérix et Obélix* croyait avoir deux vedettes ; il en avait trois. Gérard Départdieu a assisté au « triomphe gaulois » de Claude Berri, est retourné à Paris, est revenu à Cannes pour y poursuivre des négociations autour de ses prochaines entreprises (*Les Misérables*, et *Notre-Dame de Paris*) qu'il souhaite monter pour la télévision : d'autres projets encore). Il a passé ses nuits à boire, manger et débattre des branches multiples de ses activités variées, salué la consécration de Detritus (qu'il avait pronostiquée depuis longtemps). Rentré précipitamment à Paris, il ne lui reste plus qu'à rejoindre Clairefontaine. Il prend sa moto, s'écroule, péroné brisé. Il avait 2,5 grammes d'alcool dans le sang. Chiffre qui n'a pas grand sens quand on parle de Depardieu, moteur à haute consommation et haute carburation. Depardieu résume clairement la situation : « J'étais surtout ivre de fatigue. Mon alambic a cessé de distiller. Je me suis endormi. »

▲ *Mai 1998, sur la Croisette, au Festival de Cannes, Christian Clavier, Claude Berri, Gérard Depardieu, Laëtitia Casta, dans la plus folle semaine du film.*

Euphorique jusque-là, la production s'inquiète : si le film est aux trois quarts dans la boîte, il reste encore des scènes importantes à tourner avec Gérard. Après quelques jours de suspense, le diagnostic des médecins rassure : l'acteur sera sur pied dans quarante jours. Pierre Grunstein, Claude Zidi et leurs assistants se déchaînent alors pour réorganiser le plan de travail de telle sorte que soient repoussées à plus tard les scènes où Depardieu a une forte présence. Une doublure pourra faire l'affaire pour des plans de foule, ou des plans lointains, de dos. Et puis le médecin a fait un pronostic valable pour un blessé ordinaire. Depardieu réintègre les moustaches d'Obélix plus tôt que prévu. Certes, il boite encore, mais plus du tout dès que les caméras tournent. C'est aussi cela, un acteur. Finalement, le film n'aura que dix jours de retard. Philosophe, Claude Zidi conclut : « Ce qui est arrivé, c'est une façon qu'a eu l'organisme de Gérard de lui dire : "attention, ne me traite pas par le mépris, je suis ta vie, je suis bien chez toi, mais prends quand même un coup de pied au cul". C'est peut-être un événement salutaire. De toute façon, Gérard, il faut le prendre tout entier. Il est Depardieu, avec son talent, son génie, ses problèmes. Il le paie aussi, d'être comme cela. Il faut l'accepter globalement. »

▲ *Est-ce qu'Obélix pourrait se contenter de graver un cœur percé sur un tronc d'arbre ? C'est avec un menhir taillé en forme de cœur et enrubanné qu'il déclare sa flamme.*

Après le coup de chien de l'accident Depardieu, l'équipe de tournage s'est transportée en forêt de Rambouillet, pour la séquence de la réunion des druides dans la clairière sacrée. Superbe décor naturel autour d'un chêne séculaire, presque aussi beau que celui du Village, et de quelques rochers de granit complétés par une batterie de menhirs en plastique. Il pleuvra le plus souvent, sans que les nuages apparaissent sur le front de Tony Pierce-Roberts : une bonne batterie de projecteurs fournit une belle lumière d'aquarelle et un ciel constamment gris le dérange moins qu'un ciel changeant sans cesse.

Benigni, revêtu de lin candide et de gloire étincelante (nous sommes peu après le triomphe cannois), fait le clown devant et derrière les caméras avec beaucoup de succès.

De Fontainebleau, le grand cirque *Astérix et Obélix* va planter ses tentes en Bretagne, pendant quelques jours, pour le discours de César annonçant la prochaine invasion de la Grande-Bretagne. Le tournage avait commencé par la fin, et se termine par le début. Tout est dans l'ordre.

▶ *En forêt de Rambouillet, les druides ont une fausse barbe et brandissent un rocher postiche. Mais les arbres sont authentiques.*

Astérix et Obélix en chiffres

Le tournage du film *Astérix et Obélix contre César* a duré vingt-quatre semaines. Il a nécessité 700 techniciens et ouvriers, 60 comédiens, qui ont totalisé 325 000 heures de travail. La figuration a fait appel à 1 495 personnes qui ont effectué 9 000 journées de travail. La cantine du film a servi 22 000 repas. Le décor du village a nécessité 1 135 mètres carrés de toiture en chaume et 6 260 mètres carrés de gazon en rouleaux.

Les matériaux et services utilisés provenaient de 600 fournisseurs répertoriés concernant un grand nombre de corps de métiers : location de voitures, d'instruments de levage, de projecteurs, transports en tout genre, dompteurs et dresseurs de chiens, de chevaux, de crocodiles, d'éléphants, de lions, de mygales, entretien des jardins et du sol, horticulture, gravure, sculpture, couture, confection, teinturerie, moulage, ferronnerie, serrurerie, informatique, etc.

Des costumes ont été dessinés, fabriqués, pièce par pièce, pour les 50 rôles les plus importants. Chacun des 100 habitants du village avait son costume à lui. Au total, 800 pièces de costumes ont été créées, cousues, teintes.

N.B. Tous ces chiffres correspondent au tournage en France et n'incluent pas les données des trois semaines de tournage à Munich (équipe, techniciens et ouvriers : 150. Figuration : 350).

Récapitulatif du devis provisoire

Titre du film :
« Astérix et Obélix contre César »

I	Droits artistiques	15 446 078 F
II	Personnel	49 430 309 F
III	Interprétation	38 691 515 F
IV	Charges sociales	34 422 126 F
V	Décors et costumes	44 146 387 F
VI	Transports, défraiements, régie	19 990 632 F
VII	Moyens techniques	33 751 699 F
VIII	Pellicules et laboratoires	4 966 697 F
IX	Assurances et divers	18 775 017 F
	Total partiel	259 620 460 F
	Frais généraux	0
	Imprévus	15 000 000 F
	Total hors TVA	**274 620 460 F**

La potion magique

▲ *Les « effets spéciaux », autrement dit les truquages, constituent la potion magique d'« Astérix et Obélix ». En compagnie de Claude Zidi, faisons connaissance avec Jean-Christophe Comar, dit Pitof, dit SFX 001, grand maître des effets spéciaux numériques.*

Pour tenir tête aux Romains, Astérix et ses amis disposent d'une arme exceptionnelle : la potion magique, dont la recette reste secrète en dépit de tous les complots et de toutes les tortures pour faire parler Panoramix. Pour filmer les exploits d'Astérix et Obélix, Claude Zidi dispose lui aussi d'une potion magique : les effets spéciaux. Et le druide qui fabrique cette potion-là a bien voulu, sans torture, nous livrer quelques secrets. Dans ce livre même, la potion magique a fait ses effets. Ainsi avons-nous été capables de raconter l'histoire d'un film en faisant disparaître jusqu'au nom d'un des principaux collaborateurs à la création. L'heure a sonné de faire sortir de sa transparence Jean-Christophe Comar, dit Pitof.

SFX 001

Claude Zidi et Pierre Grunstein ont fait appel, pour les effets spéciaux numériques d'*Astérix et Obélix*, à la société Deboi. Celle-ci s'est imposée ces dernières années en réalisant entre autres les SFX (c'est le nom de code des effets spéciaux) de *Delicatessen*, *Les Visiteurs*, *Grosse fatigue*, *La Cité des enfants perdus*, *Didier*, *Alien IV*, et encore d'autres films de Gérard Oury, Bertrand Tavernier, Yves Robert, etc. 60 longs métrages au total, mais où son intervention peut aller de quelques plans à une collaboration intensive. La nature d'*Astérix et Obélix* impliquait un rôle majeur des SFX, et plus spécialement des SFX numériques. Un atelier spécial *Astérix* fut donc créé dans un local installé à Levallois-Perret, près du siège de la société, où travailleront, sur trois étages, 25 ordinateurs à grande puissance, leurs logiciels, super-sophistiqués, et une forte équipe d'informaticiens pour faire cracher à la machine sa potion magique. Au fond d'une cour, sans la moindre enseigne ni plaque, dans un local où règne une pâle clarté, une bande de somnambules pâlichons, âge moyen : 30 ans, surveille sur des écrans de contrôle le défilé interminable de lignes, points, trames ou nombres, faisant courir leurs doigts sur le clavier de l'ordinateur pour modifier le flux de ces informations abstraites à travers lesquelles des images se transforment. Plus loin, à un autre stade, un squelette d'éléphant scintille sur un écran et quelques arpèges sur le clavier vont le recouvrir, centimètre par centimètre, d'une peau d'éléphant plus vraie que nature. Un raid de commando informatique se déroule dans cet antre de sorcellerie technologique. Agent de liaison et chef de groupe, Pitof est le SFX 001 de cette opération.

Pitof (quarante et un ans) s'est d'abord passionné pour la photographie. Puis il passe au cinéma, comme monteur et assistant réalisateur, à la vidéo ensuite, dont la souplesse de traitement excite son imagination : il commence à détourner des images pour créer des gags, fait de la pub, rencontre sur son chemin l'ordinateur et entame avec l'informatique une liaison passionnée, alors qu'il n'a aucune formation.

▲ *Pour les SFX numériques, un atelier a été aménagé. 25 ordinateurs ronronnent dans une semi-obscurité. L'un des docteurs de la potion magique, Nicolas Rey, transforme la peau d'éléphant en équations informatiques.*

Le rôle de Pitof sur *Astérix et Obélix* a commencé il y a longtemps déjà. Un an avant le tournage, sur la base du scénario, il fallait répondre à la fameuse question préalable : « Ce qui est écrit là, est-ce qu'on le verra sur l'écran ? » La réponse était oui, pour la simple raison qu'aujourd'hui on ne voit pas quelles images SFX serait incapable de produire. La vraie question se pose à un autre stade : celui du rapport au temps, et donc au coût. Il y a des images, dans *Astérix et Obélix*, qui ont demandé quatre ou cinq jours de travail des ordinateurs pour être créées. C'est donc qu'elles sont d'un coût faramineux. Les ultimes SFX d'*Astérix* n'ont été disponibles que dans les premiers jours de décembre 1998, soit cinq mois après la fin du tournage, bloquant le montage-image final et le dernier stade de la bande-son.

Une fois la production déclenchée, il a fallu identifier tous les plans faisant l'objet d'un SFX (environ 200 plans sur 1 500, soit 13% du film) et prévoir leur mode de réalisation. C'était l'objet de la Bible Duboi dont nous avons parlé. Comme nous le verrons sur les exemples précis que nous allons décrire, la réalisation d'un effet spécial nécessite souvent un travail complexe de préparation sur ordinateur. Enfin, comme nous l'avons déjà évoqué, il est très rare que l'effet spécial soit purement informatique : presque toujours, il s'empare d'image qui ont été tournées. Ainsi Pitof a-t-il assisté et participé au tournage de tous les plans concernés par les SFX pour s'assurer que les prises de vues respectaient les protocoles établis par la Bible Duboi, et surtout trouver une solution aux problèmes qui surgissaient en cours de route sur ces plans...

Il y a donc continuité entre tournage et SFX. Mais aussi discontinuité. Ce qui est tourné, c'est du film. Avant d'arriver à Levallois-Perret, ce matériau photographique, le film, passe dans un scanner qui va le digitaliser, image par image, et le transformer en images numériques. C'est sur ce « film-numérique » que travailleront les ordinateurs. En fin de parcours, les images obtenues passeront sur une autre machine qui le regravera sur une nouvelle pellicule film, fournissant un nouveau négatif qui sera réinséré dans le négatif du film original.

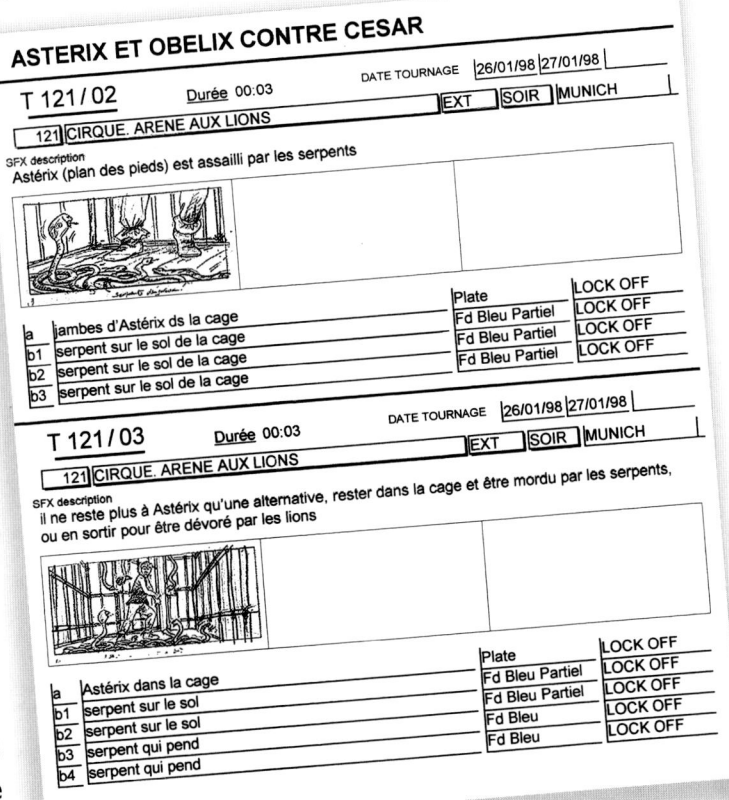

▲ *Le premier travail de Pitof a consisté à identifier tous les plans du film faisant l'objet d'un effet spécial et d'en tirer ce que nous avons appelé la « Bible Duboi ».*

Effets primaires

La numérisation, ou digitalisation de l'image consiste à remplacer le photogramme du film par une image répartie en milliers de points dont chacun est défini par un nombre. Modifier ces nombres modifie les points concernés, et seulement eux. D'où une première utilisation des effets numériques : réaliser les mêmes effets que les effets optiques pratiqués depuis longtemps, mais avec une perfection jamais atteinte. Pour reprendre l'exemple du plan 139 sur lequel nous nous sommes déjà appuyés, où un éléphant, dressant sa patte, et le corps qui se roule au sol, filmés séparément, sont par truquage réunis pour que l'éléphant roule le corps, il n'y a rien, là, qu'on n'aurait pu faire il y a cent ans : un simple système de cache, au moment de la prise de vues, aurait permis de le réaliser. Le progrès apporté par la numérisation, sur des cas comme celui-là, vient de l'impossibilité de détecter le « montage » ou l'« incrustation ». Le truquage photographique fait en général apparaître des sautes dans les lumières, des différences dans les couleurs, des lisérés aux contours du raccord, ou tout autre défaut qui le dénonce pour des yeux avertis. Avec la numérisation, le truquage atteint la « qualité transparence ». Le négatif issu de ce traitement prendra place dans le négatif original sans que nul ne puisse percevoir la moindre solution de continuité. C'est un progrès qualitatif, plutôt que la découverte d'un nouveau territoire. Toutefois, l'utilisation pure et simple des caractéristiques de l'image numérique simplifie singulièrement le tournage. Dans la séquence 53, par exemple, Astérix tire le chariot du trésor fiscal hors du village, tandis qu'Obélix le tire en sens inverse, pour le faire rentrer. Le chariot effectue un mouvement de va-et-vient avant qu'Obélix ne l'emporte. Le mouvement du chariot est amplifié à l'aide d'un câble tiré par un treuil situé sur un véhicule automobile. Dispositif banal sur un tournage. Mais ici, on ne perd pas de temps à dissimuler le câble ni à planquer la voiture (ce serait difficile, vu les difficultés d'accès dans le décor). On tourne donc le chariot, le câble, le treuil, la voiture : le SFX gommera tout ce qui gêne.

Un autre exemple est plus explicite car il montre à quel point prises de vues directes, truquages directs et truquages numériques sont constamment imbriqués : c'est celui du pavois d'où aime discourir

▶ *Filmé de haut en bas, en plongée, le pavois sur lequel est hissé Galabru ne révèle rien du socle sur lequel ce pavois est posé.*

Abraracourcix-Galabru, pavois porté par quatre Gaulois costauds, amenés parfois à marcher ou à courir avec leur précieux et pesant fardeau qui se tortille sur son socle, jusqu'à, une fois au moins, tomber. Pour tourner ces plans, différentes variétés d'effets spéciaux sont utilisées.

– Abraracourcix statique. Il est debout sur son pavois. Celui-ci repose sur un socle qui soulage les épaules des Gaulois et garantit une certaine stabilité. Mais le pavois est relié au socle par des ressorts afin de conserver une certaine mobilité, liée aux mouvements de Galabru. De toutes les façons, ce dernier porte un harnais relié à des câbles qui, si nécessaire, l'empêcheront de tomber. SFX numérique effacera socle et câble. Le harnais est sous le costume.

– La course du pavois. On filme la course des quatre Gaulois portant un pavois sur lequel ont été fixées des barres qui délimitent l'espace où il faudra réintégrer l'image de Galabru. Puis, au studio des effets spéciaux, on tourne sur fond vert Galabru debout sur une sorte de pavois et se trémoussant comme si celui-ci était agité de fortes secousses. Après quoi l'ordinateur réintègre Galabru sur le pavois des porteurs à la place des barres qu'on a effacées (le tournage sur fond vert fournit en réalité une image détourée, sans fond).

– Chute d'Abraracourcix. On le filme sur son pavois, puis commençant à être déséquilibré (mais le harnais le soutient). Puis on tourne les porteurs, avec le pavois sans personne dessus, et la chute du pavois. Puis on tourne un cascadeur, doubleur d'Abraracourcix placé sur une plate-forme (simulant le pavois) qui s'ouvre sous lui et le fait chuter. Le mélange de tout cela fournira la chute d'Abraracourcix.

Cette capacité du SFX numérique à gommer proprement tout ce qui dérange se révèle bien utile pour régler le problème du raccord camp romain-camp gaulois. Entre le camp romain et l'espace où est supposé s'élever le village d'Astérix, s'étendent des prés. Dans ces prés se trouve une maison. Quand, du haut de sa tour, le guetteur

▲ *Par contre, filmé de face, on voit que le pavois ne risque guère de fatiguer les épaules des porteurs puisqu'il repose sur un pied métallique qu'un SFX numérique se chargera de gommer.*

romain regarde le village, que voit-il ? Une grande maison du XXe siècle après Jésus-Christ. Mais, à l'écran, il faut que l'on ait cette image d'un guetteur apercevant au loin le village gaulois. On l'aura, d'une part en installant à une distance savamment calculée du camp une immense peinture d'un village réduit par l'effet de perspective, qui aura effectivement l'air présent, mais plus loin, et d'autre part en gommant de l'image la maison parasite. C'est le vieux procédé du *matt-painting*, mais enrichi par le gommage magique de l'ordinateur.

▶ *Abraracourcix – Michel Galabru sur son pavois.* **On peut constater que ses porteurs ne sont pas épuisés par l'effort.**

▼ *Abraracourcix n'est toujours pas descendu de son pavois.* **Grâce au contre-jour, on constate que le socle du pavois est muni de ressorts qui donnent de la souplesse au système.**

Les animaux savants

Les épreuves subies par Astérix dans le cirque romain ont constitué la principale épreuve de Pitof et de son équipe. Quoique épreuve soit un mot singulièrement inapproprié. Dans ce genre de métier, plus le problème est compliqué, plus la personne chargée de le résoudre y prend du plaisir. Au cirque, Pitof s'est bien amusé. Parmi tous les animaux qu'Astérix devait affronter, ce sont peut-être les crocodiles qui se laissèrent le plus facilement amadouer par la caméra. Sous peine d'être dévoré par un lion, Astérix devait tout simplement franchir une mare où grouillaient des crocodiles, en rebondissant de dos de saurien en dos de saurien, sans tomber à l'eau ni se faire happer une jambe. L'entreprise a parfaitement réussi, comme vous pourrez le constater sur l'écran. Les solutions mélangeaient diverses techniques. La mare était en permanence habitée par six crocodiles factices qui, disposés judicieusement, formaient les étapes du chemin qui devait parcourir Astérix. Fut introduit dans l'eau un crocodile articulé, relié à la terre par un câble, permettant de commander ses deux mouvements : ouverture de la gueule et agitation de la queue. Christian Clavier portant un harnais relié à des câbles pour lui éviter la chute, franchit la mare en s'appuyant sur les faux crocodiles disposés à cette intention. Le dernier crocodile qu'il utilise pour franchir ce gué est le crocodile articulé qui a un sursaut furieux quand le pied d'Astérix le touche. Il reste à régler la scène sous un angle spécial et l'on verra,

▲ *Pour animer le franchissement de la mare aux crocodiles, on a préparé un beau crocodile mécanique.*

◄ *Les assistants posent dans la mare le socle sur lequel va reposer le crocodile mécanique.*

sur la même image, les jambes d'Astérix, en train de sauter, la tête du crocodile articulé tentant de l'attraper, et dans le fond, le lion, dont la présence a précipité Astérix vers les crocodiles. Après quoi, on jette dans la mare six crocodiles vivants, dont Pitof enregistre les ébats, qui seront multipliés (en nombre) et introduits dans le plan tourné avec Astérix. Pour renforcer la crédibilité de la scène, on verra les pieds et les jambes d'Astérix sautant sur le dos de crocodiles parfaitement vivants. Ces images sont obtenues en filmant sur fond bleu les jambes de Julien Zidi (deuxième assistant et fils de Claude Zidi) vêtu du pantalon rouge d'Astérix, courant et sautant sur un praticable, et on incrustera les images des crocodiles vivants sous ses pieds. L'enfance de l'art, soit. Mais quand même beaucoup de travail pour une scène de moins d'une minute.

▲ *Le crocodile mécanique en place, Claude Zidi, avec son viseur, étudie le cadrage du plan qui permettra d'obtenir le plan ci-dessous où l'on aura à la fois la tête dressée du crocodile, les jambes d'Astérix et le lion dont on aura gommé le dompteur.*

▼ *Ci-dessous, Astérix franchissant la mare en sautant sur les dos des crocodiles factices.*

◀ *Ci-contre, tournage des jambes supposées appartenir à Astérix obtenues en filmant la course d'un assistant sur un praticable. SFX ajoute ensuite l'eau et gomme le praticable.*

La mygale est beaucoup plus petite que le crocodile. Elle va donc nécessiter bien plus de travail encore. Astérix doit traverser une longue cuve qui en est remplie. On le filme, entrant dans une cuve vide, s'enfonçant dans la cuve, réémergeant et en sortant. Merci, Christian Clavier. Maintenant, il faut s'occuper des mygales assez précisément pour pouvoir montrer le comportement individuel de certaines d'entre elles, en suffisamment grand nombre pour pouvoir former la masse qui remplit la cuve, ou tout au moins le tapis de mygales qui en forme la surface. Au travail...

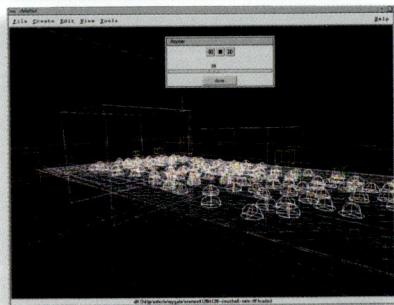

Pour faire jouer des mygales, il faut les connaître. On les étudie, on les photographie en très gros plan et on élabore un modèle de mygale, tout d'abord en lui construisant une sorte de squelette, comme une construction en fil de fer. Après quoi, partant de l'analyse des photos de sa peau, de ses poils, on reconstitue la texture de son corps dont on recouvre le squelette. On a construit en images 3D une sorte de marionnette virtuelle, d'une mygale virtuelle.

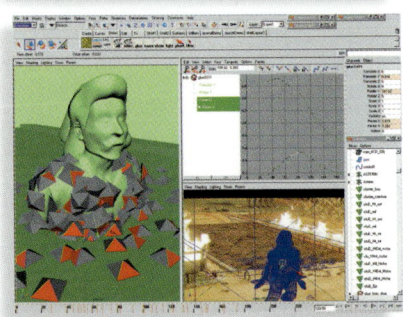

Maintenant que l'individu mygale existe, il faut en étudier la collectivité. Mais la mygale est un animal complexe à huit pattes : c'est trop compliqué d'animer quelques milliers de mygales à huit pattes, en tout cas pour la phase d'étude. On va donc étudier leurs déplacements par un exercice virtuel, où chaque mygale sera remplacée par une pure figure géométrique, une petite pyramide dont la face rouge indique la tête et le sens de la marche. Cette foule de mygales est alors confiée au logiciel « de la foule » inventé par Duboi, et qui organise les circulations de grandes quantités de... n'importe quoi. En l'occurrence, de la foule des mygales.

On en sait plus sur les mygales. Mais on ne sait pas grand-chose d'Astérix : comment se passerait sa noyade dans les mygales ? Pour l'étudier, c'est un clone 3D d'Astérix qui est créé par *rotoscopping*. On lâche les mygales virtuelles sur l'Astérix virtuel ainsi constitué pour observer comment elles font la conquête de son corps. Cette opération est uniquement informatique : jusqu'alors, nous ne sommes pas sortis de l'ordinateur. Mais il faut en savoir davantage sur le comportement probable des mygales prenant possession du corps d'Astérix. Les araignées sont placées sur le costume de celui-ci qu'a revêtu une doublure : on observe leur comportement. De même, une copie de la tête d'Astérix a été constituée : on étudie comment les mygales s'en emparent, comment elles prennent la lumière, comment se dessine leur ombre, et on transmet toutes ces informations aux mygales de synthèse qui vont constituer le gros de la troupe. Pour former le grand tapis de mygales qui constitue la surface de la cuve où Astérix s'enfonce, on dispose de trois cents mygales vivantes. On va s'en servir pour constituer un petit tapis de mygales sur une planche d'environ un mètre de long, sur laquelle les araignées qu'on y déverse

◄ *À gauche, la cuve vide dans laquelle s'enfonce Astérix-Clavier.*

▲ *Ci-dessus, la cuve pleine de mygales que l'on verra à l'écran.*

◄ *Dans la colonne de gauche, les différents états de reconstitution du squelette et de la carapace de la mygale, des mouvements collectifs et isolés des mygales sur un visage ou au sol.*

ont tendance à s'agglomérer et à s'entasser les unes sur les autres. On décide alors d'en attacher une cinquantaine, par un fil de nylon, au tissu qui recouvre la planche. Un tapis de mygales vivantes et remuantes est ainsi formé sur lequel les autres mygales sont déversées et s'éparpillent. Ce tapis vivant servira pour des gros plans. Après quoi, il sera cloné jusqu'à représenter la surface de la cuve, et les araignées de synthèse seront mélangées aux araignées clonées pour en accroître la quantité et les mouvements. Mais pour permettre à Tony Pierce-Roberts de préparer son éclairage pour le tournage des mygales vivantes, un tapis de mygales en plastique a été préparé. On ne se refuse rien sur le tournage d'*Astérix et Obélix* : même les araignées ont droit à une doublure ! L'éléphant aussi. Mais pour l'essentiel, elle restera virtuelle.

▲ *Étude de mygales progressant sur un visage en cire d'Astérix et, page précédente, des mygales se déplaçant sur le costume d'Astérix.*

▶ *Le premier effet avec éléphant concerne Astérix que le pachyderme doit prendre avec sa trompe et jeter à terre (ce qu'il fait effectivement avec une doublure sur la petite photo). Une trompe factice et animée va permettre de réaliser cette scène.*

▼ *À gauche : on déverse des mygales vivantes et libres sur un tapis de mygales attachées par un fil au tissu du plateau. Celui-ci sera cloné assez de fois pour représenter la surface de la cuve.*
À droite : mygales factices pour le réglage des lumières.

Revenons une fois encore à cette séquence 139 où nous avons vu Astérix rouler au sol pour échapper à la patte de l'éléphant. Ce bref moment se situe au milieu de l'épisode de l'éléphant qui voit celui-ci prendre Astérix avec sa trompe, l'enlever en l'air, le jeter au sol, avancer vers lui, le menacer de sa patte, s'apprêter à l'écraser quand Astérix réussit à glisser une mygale dans sa trompe et le fait reculer. La trompe de l'éléphant est donc l'instrument principal de la séquence. D'où le recours à un truquage « direct », grâce à l'emploi d'une trompe factice, en caoutchouc, montée sur vérins et articulée. On maîtrise ainsi exactement sa trajectoire pour venir enlacer

Astérix et s'en emparer (dans une autre prise de vues, un cascadeur sera emporté par la trompe du véritable éléphant et jeté au sol, assez durement d'ailleurs). C'est la trompe artificielle encore qui viendra flairer Astérix au dernier moment, ouvrant son embouchure de telle sorte qu'Astérix puisse y enfourner une mygale factice qu'il a ramassée au sol. Plus tard, on filmera une mygale vivante, avançant sur le sol jusqu'au point exact où Astérix saisit la fausse : à l'écran, on le verra prendre la mygale vivante.

Tout cela n'est que babiole, baliverne, coquecigrue. Le véritable effet « éléphant » reste à venir. Obélix a fini par entendre l'appel d'Astérix. Il se précipite à son secours. Les deux hommes prennent la fuite. Le scénario dit alors : « L'éléphant veut lui barrer la route. Il l'attrape par les défenses et le plante dans le sol, à la verticale, le cul en l'air. » Une ligne et demie de texte, 25 mots : cinq mois de travail. De même que le chêne du village était sans doute le chef-d'œuvre artisanal du décor, l'éléphant du cirque est sans doute le chef-d'œuvre de SFX 001. C'est Pitof en personne qui commente l'opération en s'adressant directement au lecteur.

▶ *Astérix-Clavier va se débarrasser de l'éléphant en glissant une mygale dans sa trompe. Minutieux réglage du point de la caméra et des positions de l'acteur par rapport à la trompe artificielle.*

Pitof et l'éléphant

« La scène à régler comporte deux acteurs. Elle pose donc deux problèmes : Gérard Depardieu et l'éléphant. Tu me diras que c'est plus facile de faire jouer Gérard que l'éléphant. C'est vrai, mais ce n'est tout de même pas simple. Obélix est supposé prendre l'éléphant par les défenses, le soulever, le retourner. Et on va demander à Depardieu de jouer cela en soulevant... rien. Nous sommes là dans le cas précis d'une transposition de la fantaisie de la bande dessinée dans le réalisme du cinéma. Bien sûr, tu sais bien que c'est impossible que Depardieu soulève un éléphant. Notre travail, c'est de faire en sorte que cet impossible paraisse le plus authentique possible, et que tu te dises : "Au fond, pourquoi pas...?" Pour cela, il faut que nous fassions comme si c'était possible.

▲ *Ci-dessus, l'image obtenue grâce à une SFX numérique.*

▼ *Ci-dessous, la scène telle qu'elle a été tournée. Sur la piste du cirque, Obélix renverse un éléphant qui n'est pas là.*

Et d'abord que nous sachions comment ça se passerait, si c'était possible. Pour répondre à cette question, on a procédé à une simulation en trois dimensions, sur ordinateur évidemment. On a créé un petit personnage qui était Obélix, on a créé un éléphant, et on a animé en images de synthèse le personnage en cherchant la meilleure animation pour qu'il soulève l'éléphant. Ce qui a permis de déterminer les bonnes positions de l'éléphant et du personnage, la bonne vitesse, les bons rapports de masse, de poids. Une fois le résultat obtenu, on l'a présenté à Claude Zidi. Ça lui a plu. Sur la base de cette simulation en 3D, on a déterminé quel devait être le mouvement de Depardieu dans son jeu. On a fait construire une machine avec des défenses et des contre-poids, pour qu'il ait quelque chose à saisir et un effort à fournir, machine qu'on a emportée à Munich et réglée sur le mouvement qu'on voulait faire faire à l'éléphant. Le tournage était un petit peu abstrait. A l'image, on voit Depardieu manipuler cet engin suspendu à une grue. Le travail de post-production consiste à effacer la grue qui était dans le champ et à coller notre animation d'éléphant. Dans la phase préliminaire, on a étudié les mouvements naturels d'un vrai éléphant, comment il s'anime etc. A Munich, j'ai fait, avec un appareil 6 x 6 de très bonne qualité, des photos de peau de l'éléphant, de ses oreilles, etc., pour avoir la matière de l'animal. L'ordinateur, lui, c'est une sorte de sculpteur. On modélise l'objet, on va créer les formes de l'éléphant ; on définit une taille, des proportions, un volume, en 3D. Une fois qu'on a établi le modèle, l'ordinateur te montre ce qu'on appelle "une image en fil de fer". Ce sont des réseaux de fils qui font que ton éléphant peut bouger en volume dans la machine, on peut le regarder évoluer. Tu peux ensuite reformer ton éléphant avec le *fast render* (rendu rapide) où tu vois ton éléphant grisé. L'ordinateur calcule une espèce de forme dans une matière grise, anonyme, passe-partout. Une fois que tu as un modèle, tu le prépares pour l'animation. Tu vas construire ton éléphant exactement comme si tu construisais un être vivant. Une fois que tu as son enveloppe,

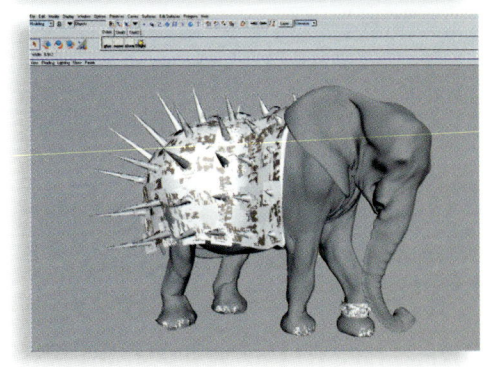

130

à l'intérieur, tu vas glisser un squelette, tu vas lui mettre des os, des articulations, tu vas mettre des muscles qui se relient au squelette pour que, quand l'éléphant plie son ventre ou sa patte, les muscles se bandent. Ainsi, tu vas habiller l'animal avec des organes qui influent sur le mouvement, sur la forme, et surtout sur la manière dont le corps se comporte. Pareil pour la cage thoracique... Et tu dois programmer l'ordinateur pour qu'il y ait des pulsations, que l'éléphant respire. Il faut introduire tous les petits éléments qui vont donner de la vie à l'éléphant. Pour que celui-ci ne soit plus un dessin animé, mais qu'il commence à avoir les caractéristiques de l'animal vivant.

Maintenant, notre éléphant est vivant. Mais il n'a pas de matière, il est toujours gris ordinateur. On lui colle donc une matière basée sur l'analyse informatique des photos que j'ai faites. On va ainsi lui coller, comme des posters, une carapace d'éléphant qui va s'animer, comme son corps. Notre éléphant est maintenant en état de marche en quelque sorte. Il reste à le replacer dans les conditions du tournage. Nous avons introduit diverses données dans l'ordinateur : les projecteurs du studio, avec leur puissance et leur position, de façon à créer l'ombre juste de l'éléphant et tous les autres éléments qui permettent de figurer l'éléphant comme s'il était au studio. S'il y a eu du vent, tu dois intégrer les ventilos. Nous avions l'éléphant vivant, nous avions son mouvement, sa place dans le décor, ses lumières : il n'y avait plus qu'à l'incruster dans l'image du cirque tournée au studio avec Obélix et Astérix. Encore beaucoup d'heures et de jours de calcul pour raffiner les détails, mais tu verras : ça marche ! »

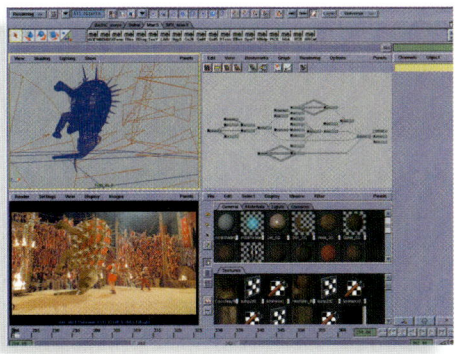

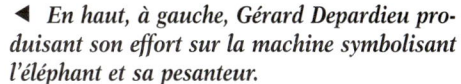

◀ *En haut, à gauche, Gérard Depardieu produisant son effort sur la machine symbolisant l'éléphant et sa pesanteur.*
En bas des deux pages : différents états des images en 3D du squelette et de l'anatomie de l'éléphant, analyse numérique de sa peau et de son mouvement, cache permettant de régler les lumières sur la carapace de l'éléphant numérique.

▲ *Ci-dessus : l'image finale de l'éléphant obtenue par ordinateur.*

◀ Detritus, du haut de sa tour, s'adresse aux soldats romains, d'abord triomphants, puis en déroute. La caméra est en haut de la grue. D'autres, au sol, filmeront la chute de la tour sous la poussée des Gaulois.

Les Romains gicleurs

Le principal effet de la potion magique est de décupler la puissance musculaire des bénéficiaires : avec un bon uppercut, ils envoient les Romains dans les nuages. Astérix et Obélix font — littéralement — gicler les légionnaires. C'est leur exploit le plus banal : SFX devait donc trouver une solution pertinente à ce problème. Pour ces images, les facteurs d'invraisemblance sont nombreux. Non seulement le décollage et la trajectoire des victimes sont improbables, mais les malheureux retombent sur terre, et repartent en boitant légèrement, sans qu'il y ait jamais ni morts ni blessés, ni sang : le code BD fonctionne ici à plein. Si chaque cas particulier a été traité séparément, un système général de travail a été adopté avec toujours pour objectif que la justesse visuelle de l'image rende la scène crédible dans le moment même où on la sait impossible. Il fallait faire des essais pour trouver un compromis de vitesse, de trajectoire, qui fasse sourire sans décrédibiliser le reste : c'est impossible, mais la potion magique, on y croit.

▲ *Une des images du film, après intervention des effets spéciaux. Volent dans le ciel un Romain, un casque, une épée, un bouclier. Un Romain vient d'atterrir sur le toit. Il va rouler et tomber sur le sol.*

Le problème a été divisé en trois : l'impact du coup de poing, le vol, la réception. Première phase : Astérix ou Obélix donne un coup de poing... à personne. Ensuite, on met un Romain là où le coup de poing est supposé avoir été donné, qui, tout seul, simule la réception. En post-production, on synchronise les deux. Puis on découpe le Romain, on le fait décoller, avec une simulation de l'effort. Deuxième phase : en studio, le Romain, tourné sur fond vert, bondit sur un trampoline. On tourne le vol avec des acrobates, qui ont des gestuelles définies, amusantes, les uns secouent les bras, les autres perdent leurs casques, font des tronches particulières, etc. Troisième phase : l'acrobate, ou le cascadeur (sur fond vert), retombe au sol, d'une hauteur techniquement possible, c'est-à-dire d'un praticable d'un mètre à un mètre cinquante, afin qu'il ne se fasse pas mal, mais suffisamment haut pour qu'il y ait un vrai contact avec le sol, avant de se relever et de repartir. En post-production, on raccorde le tout. Pour obtenir le réalisme propre à la comédie, auquel Claude Zidi est attaché, il était essentiel de trouver la bonne cinématique. Pour y parvenir, on a eu recours à la simulation en 3D, comme pour l'éléphant. C'est-à-dire qu'on a animé de petits personnages de synthèse à qui on a fait jouer la scène pour évaluer, hors réalisme, la balistique de leurs mouvements, pour savoir ce qui était acceptable ou pas. Cela a permis à Pitof de présenter à Claude Zidi des propositions pour axer la caméra et aussi fournir des images de substitution au montage. Une fois que le plan est tourné, on intègre ce

▼ *Les différentes phases d'étude d'un personnage de synthèse, qui va permettre de calculer la trajectoire du Romain : arrivée sur le toit, puis chute.*

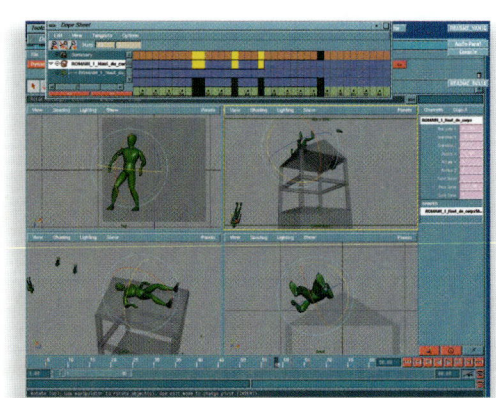

▲ *Ci-dessus : pour « gicler », les cascadeurs habillés en soldats romains s'aident d'un tremplin qui leur permet de décoller.*

▼ *Ci-dessous : tournage en studio, sur fond vert, de la chute au Romain, qui roule sur une plaque reproduisant le toit de la tour et tombe sur des matelas.*

travail de préparation au montage. Plus tard, le petit personnage en 3D qui vole dans le plan sera remplacé par un vrai personnage, mais au moins on donne au monteur la possibilité de commencer le montage. Et le jour du tournage final sur fond vert, on saura, par exemple, si la caméra doit ou non être en plongée, détail qu'il est impossible d'improviser sur le plateau.

Ce travail complexe, en trois phases, a été utilisé pour tous les effets concernant des personnages bien visibles à l'écran. Mais souvent dans les batailles, pour un, ou deux, ou trois soldats dont on suit l'évolution personnelle, plusieurs autres giclent dans le lointain et ajoutent au délire de la scène. Ces personnages ont nécessité le recours à une autre technique : la *motion-capture*. Sur un personnage réel, on adapte des capteurs (en fait des petites boules luminescentes), on l'installe dans un studio éclairé avec des lumières infrarouges qui font qu'on ne voit que ces petites boules sur son corps. Le personnage bouge selon le mouvement que l'on veut étudier et neuf caméras vidéo filment le mouvement de tous les petits points. Un ordinateur centralise les mouvements enregistrés par les neuf caméras. Il a effectué une acquisition tridimensionnelle des mouvements du personnage. Il peut désormais faire reproduire ces mouvements pour tout autre personnage : par exemple, un petit légionnaire, figuré en fil de fer. Pour le problème des Romains qui volent, on a enregistré aux infrarouges dans le studio des danseurs mimant et dansant un vol et on a fabriqué à partir des résultats obtenus des images de synthèse de poupées humanoïdes, petites, ne dépassant guère la silhouette, mais qui possèdent, grâce à la technique utilisée, quelque chose d'humain. Ils figurent, à l'écran, les Romains que l'on voit gicler dans le lointain.

▼ *Phase finale de la chute de la tour sur laquelle un cascadeur a remplacé Roberto Benigni.*

▲ Un Romain est en train de tomber : c'est la fin de sa trajectoire. Un autre va s'élancer dans le vide et tomber sur des matelas. L'angle de prise de vue situera cet épisode sur le champ de bataille, avec le camp romain dans le fond.

▼ Un morceau du décor du village (la barrière d'accès au milieu des fortifications) a été reconstruit à Clairefontaine. En tournant dans l'axe de la photo, on verra que le camp romain (dans le fond de l'image) est situé à proximité du village.

Réflexion après truquage

On ne sort pas indemne du cirque fantasmatico-technologique de Pitof : beaucoup d'idées sur le cinéma ont pris un coup de vieux. Ce n'est pas s'éloigner de notre sujet que de s'y arrêter un instant. Essayons de faire le point :

1. La numérisation de l'image la rend accessible à toutes les manipulations, sans aucune limite. Il est absurde de prétendre qu'on vient d'assister à une « mode » des effets spéciaux numériques qui ne peut que régresser. Les effets spéciaux numériques constituent une nouvelle technologie qui ne peut que se développer. Le climat bon enfant d'*Astérix et Obélix* évite les tensions propres aux films-catastrophes et à la science-fiction, refuges privilégiés des effets spéciaux. Ce film marque déjà un élargissement de la palette des SFX vers l'humour, la poésie, le féerique. Cet élargissement ne cessera de s'étendre... sans doute à tous les films sans exception.

2. Le matériel informatique utilisé par Duboi sur le tournage d'*Astérix et Obélix* représente un investissement de l'ordre de 15 millions de francs. Il était à la pointe du métier. Il sera obsolète (en partie au moins) dans six mois. La rapide mutation technologique introduit un facteur de fragilité. En même temps, à nous qu'épatent les résultats obtenus, elle annonce que, d'ici cinq ans, le SFX numérique aura encore réalisé des progrès si radicaux qu'il est difficile de deviner ce que le cinéma en fera.

3. Les effets numériques n'introduisent pas sur le tournage des films, contrairement à la rumeur qui rôde, un pouvoir qui invalide, ou concurrence, ou mine celui du metteur en scène. L'expérience d'*Astérix et Obélix* a, sur ce plan, valeur de démonstration. Tous les témoins peuvent confirmer ce que Claude Zidi et Pitof proclament de la même voix : sur ce film, les SFX numériques (et autres) ont fourni des moyens techniques complémentaires au metteur en scène pour rester fidèle au style, à l'esprit qu'il souhaitait imprimer à son film.

4. Mais ce résultat n'a été possible que parce que collaboraient un metteur en scène clair, précis sur ses options et compétent dans l'emploi de ses moyens, avec un spécialiste respectueux de la hiérarchie propre au cinéma, et plus préoccupé de la bonne réalisation du film que de réussir quelques attractions prestigieuses. Car l'autre enseignement du film, c'est que les effets numériques ne sont pas de purs produits de laboratoire et d'informatique. Ils pratiquent, avec le réel, et le cinéma proprement dit, d'incessants aller et retour. Le jour où toute image sera numérique, ce rapport de force sera modifié au profit d'une autre race de manipulateurs.

Autres chiffres

- 135 000 mètres de pellicule
- 10 400 kilos de peinture, pigments, diluants, cire et vernis
- Pour la figuration romaine :
420 costumes, casques, glaives, armures, ceinturons, boucliers, fouets, poignets de force, faucilles.
860 mètres de serge rouge pour les tuniques.

Animaux

Dans le village

2 béliers, 1 brebis, 1 agneau
8 poules, 1 chèvre, deux chevreaux
1 porc, 2 truies
2 oies blanches, 6 canards coureurs indiens
1 dindon, 17 tourterelles, 10 poussins
2 vaches, 5 chevaux

Poules et oies ont pondu des œufs qui ont enrichi le décor. Les canards se sont envolés. La chèvre s'est enfuie dans la forêt de Fontainebleau.

Au cirque romain

2 éléphants
4 crocodiles
350 mygales (plus les grillons et les vers pour les nourrir)
40 serpents (plus souris et rats pour les nourrir)
3 lions

Le grand cirque des clones

Ultime effet très spécial : le clonage des héros. Ultime cadeau du film : des Astérix et Obélix par dizaines ! C'est que nos braves Gaulois avaient bien besoin de renfort pour affronter des Romains dopés à la potion magique. Mais la bataille gagnée, la nature reprend ses droits. Et les clones de nos héros vont disparaître comme bulles de savon. C'est sur cet effet poétique et nostalgique que nous allons abandonner le territoire de SFX 001.

▶ *Ci-contre : l'image tournée du village des Gaulois au moment de la disparition des clones.*

▼ *Ci-dessous : l'image après apparition des bulles par ordinateur interposé.*

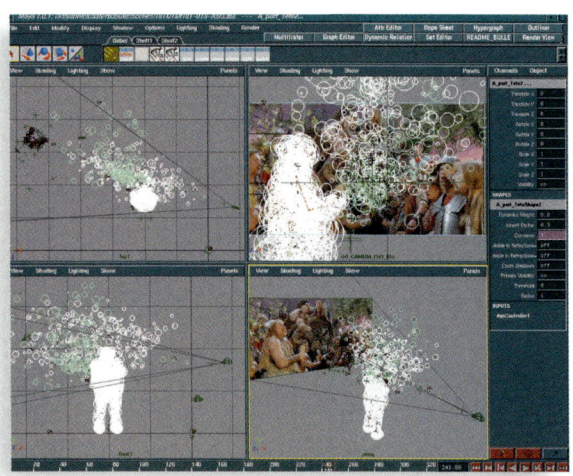

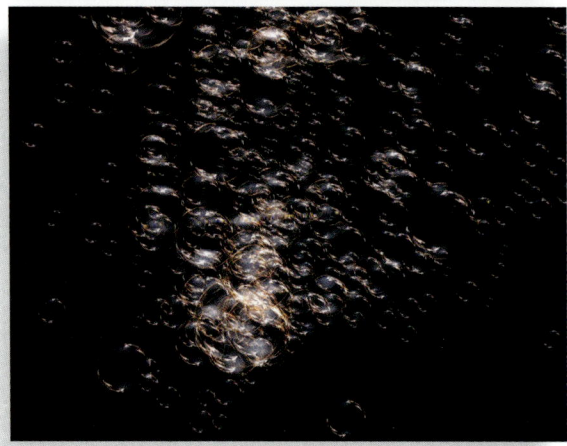

▲ Les différentes phases d'élaboration de l'apparition des bulles de savon dans l'image numérisée.

▶ Comme le plus souvent, les effets spéciaux numériques voient leur efficacité renforcée par des prises de vue réelles qui authentifient l'illusion. Les premiers clones d'Astérix et Obélix n'ont pas été fabriqués par l'ordinateur. Ils étaient bien présents au tournage comme on le vérifie sur ces images. C'est que Claude Zidi avait rassemblé ses comédiens, leur doublure et une autre équipe complémentaire de doublures, ce qui mettait déjà trois véritables Astérix et trois véritables Obélix sous les projecteurs. Ensuite... à l'ordinateur de jouer.

Fin : Quand tout commence

Quand s'achève le tournage, en juillet 1998, on bat le rappel des équipes pour la traditionnelle photo de fin de film, avec son rituel de grosses blagues, de promesses de rendez-vous et de nostalgie. Mais on a déjà noté des absents, mobilisés sur un autre film, et le groupe si soudé de la guerre des Gaules va éclater comme toute équipe en fin de tournage. De toute façon, l'expression « fin de film » est abusive. C'est fini avec le studio, le tournage. Mais pour certains spécialistes et pour Claude Zidi lui-même, le travail continue, ou, pour certains, il commence. Il faut même mettre les bouchées doubles pour parvenir à être en salles le 3 février. Les principaux secteurs concernés par cette phase dite (toujours improprement) la post-production sont : les effets spéciaux, la bande-son, le montage, la préparation de la sortie du film.

▼ *Il n'y avait plus que 86 compagnons de route pour la traditionnelle photo de fin du film (sans compter les trois interprètes d'Idéfix). Mais l'enthousiasme était intact.*

Les effets spéciaux

Nous avons vu que, souvent, les effets spéciaux s'emparent, se nourrissent d'éléments qui ont été tournés. Pas question donc de travailler sur eux avant que la scène concernée ait été tournée : certains effets spéciaux ne peuvent être mis en chantier qu'à la fin du tournage. Un tournage qui n'est d'ailleurs pas complètement terminé. Beaucoup de plans trafiqués par les effets spéciaux doivent intégrer des images détourées, tournées sur fond vert. C'est le cas par exemple des nombreux plans de « Romains gicleurs ». Ces tournages, en studio spécialisé, équipés pour la circonstance de tremplins, trampolines, plates-formes, matelas de réception, etc., ont commencé depuis longtemps. Mais ils vont encore se prolonger quelques semaines. Quand toutes ces images auront été filmées, digitalisées, absorbées par les ordinateurs, ceux-ci pourront reprendre le ronron de leurs calculs fantastiques guidés par les derniers logiciels créés par Duboi. La totalité des effets commandés sera livrée. Mais les temps de calcul ont été plus longs que prévus. La dernière image devait être prête le 30 novembre : il faudra attendre une dizaine de jours encore. C'est aussi que l'exigence, l'ambition de la qualité se sont développées en cours de route. Il ne s'agit plus seulement que les effets spéciaux soient réussis. Il faut encore qu'ils soient indiscernables, complètement transparents. Le rêve de Pitof, ce n'est pas qu'on sorte d'Astérix et Obélix en parlant de la performance des effets spéciaux, mais qu'ils soient si réussis qu'on les oublie complètement. C'était d'ailleurs le souhait et la demande de Claude Zidi. Mission remplie. Mais la perfection prend du temps.

Le montage

Le montage, bien entendu, est commencé depuis longtemps : peu après le début du tournage. Claude Zidi a fait appel à sa collaboratrice habituelle, la chef-monteuse Nicole Saunier. Il s'agit d'un montage lourd et complexe. 135 000 mètres de pellicule seront impressionnés, qui représentent environ 75 heures de projection. C'est un chiffre très important, mais relativement normal pour une telle entreprise. Enregistré presque systématiquement à deux caméras, mais parfois à trois ou même quatre caméras, le tournage d'un plan multiplie la pellicule utilisée par le nombre de caméras. Si on reprend l'exemple familier de la séquence 139 avec l'éléphant et Astérix qui se roule au sol, rappelons que, selon la Bible Duboi, il y aura tournage du décor vide, du décor avec l'éléphant en action, du décor avec Astérix en action. C'est-à-dire, pour un seul et unique plan, trois tournages différents. Pour éviter que le montage soit engorgé par la masse de travail, un autre monteur, Hervé de Luze, collaborateur fidèle de Claude Berri pour les films qu'il tourne et souvent pour les films qu'il produit, vient en renfort. Au début du tournage d'*Astérix et Obélix*, il était retenu par le montage du film de Roman Polanski, *The Ninth Gate*. Il vient ensuite soulager Nicole Saunier, et prend en main le montage de certaines séquences telles que celle du cirque. Les deux monteurs signent le film.

L'une des particularités de ce montage découle de l'importance des effets spéciaux. Ce sont des plans importants sur le plan narratif. Le truquage a toujours pour objectif de « faire un effet », de déclencher une surprise, une émotion, un rire. Or ces plans, retardés par le temps de calcul des ordinateurs, arrivent avec un certain décalage. On n'en mesure ni la longueur exacte à une image près, ni l'efficacité qui peut modifier les enchaînements. C'est d'ailleurs pour réduire au maximum ce *gap* introduit par les truquages dans le montage que pendant plusieurs mois, les salles de montage ont été installées dans l'atelier SFX-Astérix de Levallois-Perret.

Le son

La phase finale de l'établissement de la bande-son consiste à procéder au mélange (« le mixage ») des différentes bandes-son : dialogues, bruits, musique. Dans le cas des films tournés en grande partie en studio (comme *Astérix et Obélix*), on utilise d'ordinaire le « son direct » enregistré au moment du tournage dans des conditions acoustiques favorables. Ce n'est pas le cas ici car nous avons vu que le studio de La Ferté-Alais n'était pas insonorisé. La proportion de dialogues à réenregistrer (à post-synchroniser dans les mêmes conditions que quand on procède au doublage d'un film) est donc importante. Une lourde tâche attend les comédiens. Claude Zidi se serait bien passé de ce surcroît d'obligations, mais c'était une donnée de départ. Et il a tiré de l'expérience quelques avantages. D'abord le plaisir de constater une fois de plus la virtuosité de ses interprètes. Depardieu, Benigni, Galabru et les autres ont avalé l'obstacle avec une efficacité rare. Christian Clavier semblait même mis en verve par le travail au micro : la corvée tournait à la partie de plaisir. Par ailleurs, Claude Zidi a pu introduire des

petites améliorations de texte, et les comédiens quelques nouvelles intonations qui devraient enrichir le résultat final.

La musique du film a été confiée au chanteur-auteur-compositeur Jean-Jacques Goldman, avec ses collaborateurs habituels dans ce type d'intervention, le compositeur Roland Romanelli et l'orchestrateur Hubert Bougis. Tout tranquillement, Jean-Jacques Goldman reconnaît : « Je serais incapable de faire, seul, une musique de film, c'est pourquoi je ne l'envisage pas sans Roland Romanelli. Mais je peux proposer des thèmes, des directions instrumentales et des déclinaisons de ces thèmes, de façon différente des musiciens traditionnels. C'est ma singularité et ma limite. » La caractéristique d'*Astérix et Obélix* étant la drôlerie, le gag, la fantaisie, on pourrait avoir la tentation d'écrire une musique elle-même comique. Jean-Jacques Goldman : « Je me suis effectivement demandé s'il existait une musique « farceuse ». La réponse est non. Et plus le décalage est grand entre la comédie et la musique imperturbablement sérieuse, plus l'effet est amusant. Pour *Astérix*, nous aurons une musique de film très « traditionnelle » à la base. C'est le choix de

▲ *Pour l'enregistrement de la musique du film, sont réunis Jean-Jacques Goldman, Roland Romanelli, Hubert Bougis, Claude Zidi et les musiciens du London Symphony Orchestra.*

quelques instruments celtes et la déclinaison « radio » de certains thèmes qui lui donneront sa couleur particulière. Évidemment, en concertation avec le metteur en scène. »

Effectivement, la musique du film *Astérix et Obélix* est importante en quantité (plus d'une heure) et en ampleur orchestrale, marquée par l'intervention de quelques solistes comme le violoniste de jazz Didier Lockwood, une musique dont la richesse harmonique rappelle (hommage? parodie?) le grand style hollywoodien. Par deux fois en novembre, l'équipe de Jean-Jacques Goldman, accompagnée par Claude Zidi, s'est rendue à Londres pour l'enregistrement de la musique par les quatre-vingts musiciens du London Symphony Orchestra. Enfin, Jean-Jacques Goldman a écrit la chanson du film, qu'il interprète et qu'on entend pendant le générique de fin. *Elle ne me voit pas* est en quelque sorte la complainte d'Obélix, amoureux délaissé. Elle évoque en effet une des situations du film, mais Jean-Jacques Goldman était, pour la chanson, moins préoccupé de coller aux images que de trouver un thème susceptible d'éveiller une émotion chez chacun.

Elle ne me voit pas

(Chanson du film — Jean-Jacques Goldman)

Quand elle passe, elle efface comme un éclat
Devant un ciel c'est elle qu'on voit
Elle est si reine qu'elle ne mérite qu'un roi

Et je ne suis pas roi
Elle ne me voit pas

Quand elle danse, tout danse, ses reins, ses bras
Près d'elle tout s'éclaire un peu, pourquoi ?
Elle a cette grâce que les autres n'ont pas

Tout ce que je n'ai pas
Elle ne me voit pas

Moi, plus j'approche et plus je me sens maladroit
Plus je déteste mon corps et ma voix
Il est des frontières qu'on passe malgré des millions de soldats
Mais les nôtres on ne les franchit pas

Il a de l'allure, des gestes délicats
La vie légère de monde-là
Il est aussi, tellement, tout ce qu'il n'est pas

Mais les femmes ne savent pas
Ces choses-là
Elle ne me voit pas

On peut changer tellement de choses si l'on veut, si l'on combat
Mais pas ces injustices-là

Un autre que moi
Différent de moi
Elle ne me voit pas

▲ *L'homme-monstre ne réussira pas plus à étrangler Jean-Jacques Goldman qu'il n'y est parvenu avec Astérix. Nous retrouverons la voix du chanteur sur la bande-son du film.*

Le lancement

Enfin le moment est venu de préparer l'opération clé : la sortie du film. On y pensait déjà quand, dès la mise en route de la production, on se préoccupait du titre à lui donner. Claude Berri comme Claude Zidi sont conscients que, quel que soit le titre choisi, tout le monde va désigner le film en l'appelant *Astérix*. Mais ce ne pouvait être le titre retenu. Il est trop général. Il nie l'importance égale des deux héros, Astérix et Obélix, des deux vedettes Clavier et Depardieu. Il met en position délicate toute suite qui serait tournée plus tard. *Astérix et Obélix* constitue une solution d'une extrême platitude. La mesure était donc de définir plus précisément l'épisode traité. Finalement, la proposition de Claude Zidi, *Astérix et Obélix contre César* obtint le soutien de Claude Berri et l'agrément d'Albert Uderzo.

Le service de presse, dirigé par Claude Davy, le service de la promotion animé par Laurence Edeline et s'appuyant

sur l'agence de publicité Bonne question ! commencent à préparer la campagne de lancement. Un dossier de presse est en chantier. Difficile de savoir ce qu'on pourra faire pour les projections de presse, car il est acquis que la première copie standard du film ne sortira pas avant le 10 ou le 20 janvier. Alors que les effets spéciaux cuisent encore dans les ordinateurs et que la musique du film n'est pas enregistrée, un premier pré-film-annonce est mis en large circulation en novembre et le véritable film-annonce en décembre. Cette période des fêtes, plus spécialement orientée vers les enfants et la famille, est favorable à une première offensive publicitaire avec une campagne d'affiches présentant les principaux personnages. L'affiche de base regroupe les principaux habitants du village fonçant vers l'ennemi, emmenés par Astérix et Obélix à la fois résolus et hilares.

Claude Berri qui, depuis *Germinal*, fait fonctionner une fondation dans la région minière du Nord pour l'aide à l'emploi et le développement économique décide que la première mondiale du film aura lieu pour les enfants de la région dans un stade à Liévin. Finalement, compte tenu du coût et des difficultés techniques, il doit y renoncer. La première mondiale aura bien lieu dans le Nord, fin janvier, pour les enfants, mais ce sera à Valenciennes. On peut accorder une certaine valeur symbolique au fait qu'*Astérix* se situe dans le sillage d'Émile Zola. C'est bien une tradition de la littérature populaire et du cinéma populaire qui se manifeste ici.

▼ *Les principales affiches de la campagne de promotion pour la sortie en salle d'« Astérix et Obélix contre César » le 3 février 1999.*

La sortie du film marque son entrée dans le monde. Jusque-là, il n'était qu'un produit professionnel, créé avec amour, passion, peine et plaisir mélangés, porteur des espoirs, du savoir-faire, de l'imagination d'une équipe, mais sans identité réellement affirmée. Dès le moment de sa sortie, il cesse d'appartenir à ses créateurs. Il devient ce que voient, entendent, comprennent les spectateurs et que nul ne peut juger. Astérix et Obélix attendent leurs premiers rires, leurs premières émotions, pour vérifier qu'avec eux, la saga d'Astérix continue.

Crédits photographiques

Etienne George - Renn Production :
6 - 7 - 8 - 9 - 10 - 11 - 12 - 13 - 36b - 37b - 38 - 39 - 40 - 41 - 43 - 44 - 45 - 48 - 49 - 52 - 53 - 54 - 55 - 56 - 57 - 58 - 59 - 61 - 62 - 63 64 - 65 - 66 - 68 - 72b - 73 - 74 - 75 - 76 - 77 - 81b - 82 - 83 - 84 - 85 - 86 - 87 - 88 - 89 - 90 - 91 - 92 - 93 - 94 - 95 - 96 - 97 - 98 - 99 100 - 101h - 102 - 103 - 104 - 105 - 106 - 107 - 108 - 109 - 110 - 112 113 - 114 - 117 - 118 - 119 - 120 - 121 - 122 - 123 - 125 - 126 - 127 128 - 129b - 130h - 132 - 133h - 135h - 136 - 137 - 138 - 143 - 144 - 148 - 149 - 150 - 151 - 152 - 153.

Mario Gurrieri - Renn Production :
111.

G. Rancinan - HK :
42 - 47 - 50 - 67 - 71 - 78 - 79 - 80 - 81h - 101h - 140.

Editions Albert René :
16 - 17 - 18 - 19 - 20 - 21 - 22 - 23 - 24 - 25 - 26 - 27 - 28 - 29 - 30 - 34h.

J. Rabasse - Renn Production :
60 - 69 - 72h.

Cat's Documentaliste :
35 - 36h.

Agence Enguerrand :
37h.

Duboi :
116 - 124 - 129h - 130b - 131 - 133b - 134 - 135b - 141 - 142.

F. Carol. La Petite Reine :
34b.

Editions Plon :
14 - 15 - 32 - 33 - 115.

Iconographie : Marie Borel.